BJÖRN MOSCHINSKI

VEGAN QUICK & EASY

BJÖRN
MOSCHINSKI

VEGAN
QUICK & EASY

ÜBER 60
BLITZREZEPTE

südwest

INHALT

GRUSSWORT 7

VORWORT 8

ZUM EINSTIEG 10

SNACK-EXPRESS 12

Für den kleinen Hunger sind Wraps und Knabbereien wie Popcorn und selbst gemachte Chips genau das Richtige. Ausgefallene Smoothies und Shakes runden die Snack-Palette ab.

SALAT-EXPRESS 36

Ob mit Sprossen, Kernen und Gojibeeren für Fitnessfans oder als Kräuterseitling-Carpaccio für Rohkostgourmets – hier findet jeder seinen Lieblingssalat!

SUPPEN-EXPRESS 54

Bei Linsensuppe mit Ananas, Rote-Bete-Suppe mit Birnensalat und Senfsüppchen mit Apfel & Kräutern geraten nicht nur Suppenkasper ins Schwärmen.

OFEN-EXPRESS 74

Die vegane Ofenküche ist Genuss und Abwechslung pur. Sie überrascht mit Pakora-Muffins und Tortilla-Pizza und verwöhnt den Gaumen mit Zitronenkartoffeln und gebackenem Kürbis mit Couscous.

AUF DIE GESUNDHEIT UND DEN GENUSS: GUTEN APPETIT WÜNSCHT BJÖRN MOSCHINSKI!

GUTES KOCHEN BEGINNT BEIM EINKAUF: DAS A UND O JEDER GESUNDEN UND GENUSSVOLLEN KÜCHE SIND FRISCHE ZUTATEN. UND MIT ETWAS PLANUNG VERBRINGT IHR WENIGER ZEIT IN DER KÜCHE UND MEHR BEIM GEMEINSAMEN ESSEN.

HERD-EXPRESS 94

Innovative Klassiker aus Topf und Pfanne – Süßkartoffelomelett, Quinoa-Risotto oder Spitzkohl mit Orangen-Yofu-Sauce – lassen keine Wünsche offen.

SÜSS-EXPRESS 114

Der krönende Abschluss: Haselnuss-Pannacotta, Mandel-Schmarrn und Kokos-Milchnudeln lassen Naschkatzenherzen höher schlagen.

ANHANG 132

VORRATSHALTUNG 134

WARENKUNDE 136

GARMETHODEN 138

REGISTER 140

ÜBER DEN AUTOR & DANKSAGUNG 143

IMPRESSUM 144

VEGAN, SCHNELL UND ACHTSAM

Nicht zuletzt Dank des großen und langjährigen Engagements von Björn Moschinski liegt vegan in Deutschland voll im Trend. Diese positive Entwicklung wird sich in Zukunft fortsetzen, daran besteht für mich kein Zweifel. Und auch Konzepte wie Achtsamkeit, Entschleunigung oder Slow Food sind mehr und mehr im Kommen. Sie versprechen ein ausgeglichenes, gesundes und glückliches Leben. Nach Jahrzehnten einer immer schneller werdenden Gesellschaft ist diese Entwicklung sowohl verständlich als auch sinnvoll. Aber mal ehrlich: So schön und wünschenswert ein entschleunigtes Leben voller Achtsamkeit in der Theorie auch ist, die konsequente Umsetzung gestaltet sich in der Praxis doch recht schwierig. Zumindest geht es mir so. Der Tag hat nun mal nur 24 Stunden, die Woche nur sieben Tage und als Geschäftsführer des VEBU habe ich immer jede Menge zu tun. Es würde mich wundern, wenn es Ihnen anders ginge. Doch für dieses Dilemma gibt es eine einfache Lösung – zumindest was das Essen betrifft. Denn wenn ein Rezept nur aus wenigen und leicht erhältlichen Zutaten besteht und seine Zubereitung nur einige Minuten benötigt, dann kann man sich wieder Zeit lassen. Dank Björns genial einfachen und leckeren Rezepten kann jeder gesundes Essen in Ruhe genießen. Wir können achtsam kochen und essen und müssen dennoch nicht stundenlang am Herd stehen. So haben wir das Beste aus beiden Welten. Das macht Björns Kochkunst noch gesünder und verführerischer. In diesem Sinne: Viel Spaß und Genuss!

Sebastian Zösch
Geschäftsführer des VEBU

GESUND UND LECKER UND IN 30 MINUTEN AUF DEM TISCH!

Vegan quick & easy – der Name ist Programm, denn ihr haltet mein erstes 30-Minuten-Kochbuch in Händen. Der Fokus dieses Kochbuchs liegt ganz klar auf der Einfachheit und Schnelligkeit der Gerichte. Gerade heute rückt das Thema Geselligkeit leider immer mehr in den Hintergrund. Für viele bedeutet Essen nur die notwendige Nahrungsaufnahme ohne gesellschaftlichen Ansatz. Fertigprodukte überschwemmen den Markt, und das mit meist zweifelhaften Inhaltsstoffen. Ich möchte euch ein Werkzeug an die Hand geben, mit dem ihr eure kostbare Zeit nutzen könnt, ohne auf die Qualität frisch zubereiteter Speisen zu verzichten.
Wie ihr bestimmt wisst, habe ich bereits drei Kochbücher veröffentlicht, die sich mit den Themen für Einsteiger, Regionalität und Saisonalität sowie mit dem Backen beschäftigen. In meinem neuen Werk gehe ich auf die Wünsche meiner Leser ein. Das Besondere an diesem Kochbuch ist die Tatsache, dass ihr – neben der schnellen Zubereitung – 95 Prozent der Zutaten im Supermarkt um die Ecke bekommt.
In den letzten Jahren ist die Zahl derer, die sich für eine vegane Ernährung entschieden haben, extrem gestiegen. Was mich auch freut, ist die Akzeptanz, die die vegane Ernährung und Lebensweise in unserer Gesellschaft allgemein erfahren. Vegan wird als gesunde Ernährungsform geschätzt und hält immer mehr Einzug in die Küchen derer, die sich als Mischköstler outen. Kochen ist für mich Leidenschaft und die Zeit, in der ich meinen Gedanken freien Lauf lassen kann. Auch ist die Zeit des Kochens für mich Entspannung und Kreativität. Aber ich kann gut verstehen, dass Menschen, die beruflich stark eingebunden sind oder/und familiäre Verpflichtungen haben, kaum Zeit finden, sich dem Kochen mit aller Leidenschaft und Zeit hinzugeben. Gerade diesen Menschen widme ich mein Kochbuch: Es soll euren Alltag vereinfachen und euch mit allen Nährstoffen versorgen. Natürlich liegt mein Fokus auf Geschmack und Qualität. Dies in einem 30-Minuten-Kochbuch zusammenzubringen war schon eine kleine Herausforderung.
Aus meiner Sicht ist dieses Kochbuch eine Bereicherung für jeden Haushalt, und ich möchte mich auf diesem Wege auch bei meinem langjährigen Freund und Kollegen Marcus Kümmel bedanken, der sich gemeinsam mit mir dieser Herausforderung gestellt hat. Es ist nie die Leistung eines Einzelnen, sondern immer ein Team, das hinter solchen Projekten steht. Daher freut es mich, dieses Buch mit meinem geschätzten Freund, dem Top-Food-Fotografen Florian Bolk, realisiert zu haben. Auch danke ich meiner Familie und meiner Freundin, die mich stets unterstützen und die mir stets den Rücken freihalten.

Euer
Björn Moschinski

DAS WICHTIGSTE VORAB

Was ich in meinen Kochshows immer wiederhole, ist der Umgang mit Rezepten. Ich würde mir sehr wünschen, dass ihr meine Rezepte als Inspiration nehmt und nach Lust und Laune variiert. Genauso begann auch meine Karriere. Damals gab es keine veganen Kochbücher, kein Internet und auch keine Stammtische. Daher schaute ich mir viele Standardkochbücher an und suchte nach Alternativen zu Produkten, die ich nicht mochte oder einfach nicht mehr aß. Natürlich war auch das eine oder andere Gericht dabei, das nicht genießbar war; aber wie ihr sicherlich wisst, kann man aus seinen Fehlern lernen, und das tat ich mit jedem Tag.

FÜR LÄNGEREN GENUSS

Eine Sache lernte ich recht schnell: Der Umgang mit Gewürzen und Kräutern sowie die Zubereitungsart sind für den Geschmack elementar. Ich bemerkte, dass nicht das Fleisch, sondern hauptsächlich die Zubereitung und Würzung den Geschmack definierten. Denn auch das beste Stück Fleisch schmeckt roh nicht. Mich begeisterte der Gedanke, mit rein pflanzlichen Rohstoffen Gerichte zu kreieren, die den Gerichten mit tierischen Rohstoffen in nichts nachstehen. Mit der Zeit gelang es mir so gut, dass Freunde und Verwandte dachten, ich äße wieder Fleisch. In diesem Moment wurde mir klar, dass dies eine sehr gute Art der Tierrechtsarbeit ist, denn warum essen Menschen heutzutage Fleisch? Nicht weil es gesund wäre oder besonders stark macht, sondern weil es schmeckt.

Ich empfehle daher, sich mit Gewürzen und Kräutern auseinanderzusetzen und sie vor allem frisch zu verwenden, wenn die Jahreszeit es zulässt. Auch sind Gewürzmühlen eine lohnenswerte Anschaffung, denn nichts geht über frisch gemahlenen Pfeffer, Muskat oder Kümmel. In diesem Zusammenhang ist ein Mörser ein sinnvolles Utensil. Ich nutze diesen sehr gern, um tolle Gewürzmischungen zu kreieren, Marinaden herzustellen und Pestos sowie Dressings zuzubereiten. Das Tolle daran, finde ich, sind der Zubereitungsprozess und die einfache Reinigung.
Die Zeit ist für mich immer ein kostbares Gut, das gerade beim organisierten Kochen sparsam eingesetzt werden kann. Oft erlebe ich, dass Küchen nach dem Kochen einem Schlachtfeld gleichen und zeitintensiv gereinigt werden müssen. Das muss nicht sein! Ich stelle mir immer Schüsseln für meine geschnittenen Rohstoffe bereit, die ich sofort nach dem Gebrauch kurz durchspüle. Somit habe ich immer ein sauberes Brettchen, was die Verletzungsgefahr beim Schneiden verringert und die Möglichkeit zum strukturierten Kochen bietet. In diesem Buch findet ihr Rezepte mit maximal 30 Minuten Zubereitungzeit – manchmal allerdings ohne die Backzeit im Ofen. In der Zeit, in der die Gerichte im Ofen garen, mache ich klar Schiff in der Küche, da ich nach dem Essen bestimmt keine Lust mehr darauf habe und die Speisereste eingetrocknet sind. Auch sind Schnitttechniken und das richtige Equipment eine große Zeitersparnis.

Wie ihr z. B. ein Messer richtig führt, erkläre ich in meinen Kochshows und Internetvideos.

BIO ODER KONVENTIONELL?

Diese Frage wird mir oft gestellt, und meine Antwort lautet immer: bio, aber mit Verstand! Für mich sind regionale und saisonale Rohstoffe in Bio-Qualität das Maximum an Qualität. Ich gehe gern zum Bauer meines Vertrauens, um dort meine Grundzutaten zu kaufen, oder greife auf Produkte aus eigenem Anbau zurück. Dies garantiert mir nicht nur den größtmöglichen Geschmack, sondern auch die meisten Vitamine und Nährstoffe.
Bei meinen Zutaten arbeite ich ausschließlich mit Rohrohrzucker oder Zuckeraustauschprodukten. Es besteht nicht immer die Möglichkeit, auf Agavendicksaft oder das recht kostenintensive Xylit oder Erythrit zurückzugreifen. Daher achtet darauf, dass ihr so wenig Süßungsmittel wie möglich benutzt, denn die richtigen Rohstoffe zur richtigen Zeit bringen so viel Geschmack mit, dass ein intensives Würzen meist nicht notwendig ist, sondern den Eigengeschmack dieser Rohstoffe eher überdeckt. Doch das Wichtigste am Kochen überhaupt: Habt Spaß und erfreut euch an den tollen Rezepten. In diesem Sinne wünsche ich euch viel Spaß und einen guten Appetit!

FRISCH ZUBEREITET AUS REGIONALEN UND SAISONALEN ZUTATEN SCHMECKT ES EBEN EINFACH DOCH AM BESTEN – EGAL OB EIN SCHNELL GEMIXTER SMOOTHIE ODER EIN AUFWENDIGERES GERICHT.

MIT SPECIAL:
SMOOTHIES UND SHAKES

SNACK-EXPRESS

POWER-WRAPS

1. Zwiebel abziehen und in feine Würfel schneiden. Paprikaschoten waschen, putzen und ebenfalls in Würfel schneiden. Petersilie waschen und trockenschütteln. Die Blätter abzupfen und fein hacken. Zitrone auspressen. Salat waschen und trockenschleudern.
2. Das Öl in einer Pfanne erhitzen und die Zwiebel darin glasig dünsten. Bohnenmix, Mais und Paprikawürfel dazugeben und bei mittlerer Hitze anschwitzen. Mit etwas Salz, Pfeffer und Tabasco würzen.
3. Die fein gehackte Petersilie mit dem Sojajoghurt vermengen. Mit Salz, Pfeffer und Zitronensaft abschmecken. Die Wraps in einer heißen Pfanne kurz von beiden Seiten erhitzen. Den Salat und das Joghurtdressing in der Mitte der Wraps verteilen und anschließend die warme Bohnenpfanne darübergeben. Aufrollen und genießen.

DAS BILD ZUM REZEPT FINDET IHR AUF SEITE 13.

2–4 PORTIONEN

½ Zwiebel
200 g Paprikaschoten
1 Bund Petersilie
1 Zitrone
100 g Salatmix
1 EL Öl
400 g Bohnenmix, gekocht
200 g Mais
Meersalz
Pfeffer aus der Mühle
Tabasco
200 g Sojajoghurt
4 Tortilla-Wraps

Zubereitungszeit: 20 Minuten

Mein Tipp

Wraps sind ein wunderbarer Snack für zwischendurch. Ihr könnt sie mit allem füllen, was ihr im Kühlschrank findet. Ich stelle euch hier zwei meiner Lieblingsvarianten vor.

SPINAT-TOFU-WRAPS

2–4 PORTIONEN

300 g Spinat
250 g Tofu
100 g Babytomaten
15 ml Olivenöl
Meersalz
Pfeffer aus der Mühle
Muskatnuss, frisch gerieben
4 Tortilla-Wraps
40 g Röstzwiebeln

Zubereitungszeit: 20 Minuten

1. Spinat verlesen, gründlich waschen und fein hacken. Tofu mit den Händen zerkleinern, Babytomaten waschen und halbieren.
2. Das Olivenöl in einer Pfanne erhitzen und den Spinat darin andünsten. Tofu und Babytomaten dazugeben und mit anschwitzen. Mit Salz, Pfeffer und Muskat würzen.
3. Die Gemüse-Tofu-Mischung auf den Wraps verteilen und die Röstzwiebeln darüberstreuen. Die Wraps aufrollen und warm servieren.

DAS BILD ZUM REZEPT FINDET IHR AUF SEITE 12.

Mein Tipp

In grobe Stücke gebrochener Naturtofu guter Qualität passt sehr gut zu Spinat. Der milde Geschmack lässt einen guten Spielraum für unterschiedlichste Würzungen. Und der hohe Eiweißanteil ist eine gute Proteinquelle.

GEMÜSE NUDELN MIT ARRABBIATA-PESTO

2 PORTIONEN

Für die Nudeln
2 Zucchini
1 Karotte
3 Zweige Thymian
1 EL Olivenöl

Für das Arrabbiata-Pesto
50 g Cherrytomaten
1 Peperoni
40 g getrocknete Tomaten
1 Zitrone
40 ml Sweet Chilisauce
Meersalz
Pfeffer aus der Mühle

Zubereitungszeit: 15 Minuten

1. Für die Nudeln Zucchini und Karotte waschen und putzen. Beides mit einem Spiralschneider in feine Streifen schneiden. Thymian waschen und trockenschütteln. Die Blättchen abzupfen und mit dem Olivenöl im Mörser zu einem Pesto verarbeiten. Das Pesto über die Gemüsenudeln geben.
2. Für das Arrabbiata-Pesto die Cherrytomaten waschen und grob zerkleinern. Peperoni und getrocknete Tomaten ebenfalls grob zerkleinern. Zitrone auspressen. Cherrytomaten, Peperoni, getrocknete Tomaten und Zitronensaft mit der Chilisauce im Mörser zu einer Paste verarbeiten. Mit Salz und Pfeffer abschmecken.
3. Das Arrabbiata-Pesto über die Gemüsenudeln geben und frisch servieren.

Mein Tipp

Diese Art der Rohkostnudeln habe ich vor vielen Jahren in München kennen- und lieben gelernt. Schnell und frisch zubereitet passen auch andere Pestos, z. B. aus Basilikum und Pinienkernen oder Bärlauch und Mandeln.

BRUSCHETTA ITALIANA

2 PORTIONEN

3 EL Olivenöl
4 Scheiben Ciabatta
3 Tomaten
1 rote Zwiebel
Saft und Zesten von ½ Bio-Limette
Meersalz
Rohrohrzucker
Pfeffer aus der Mühle
½ Bund Basilikum
50 g Rucola
1 Knoblauchzehe

Zubereitungszeit: 20 Minuten

1. Den Backofen auf 180 °C vorheizen. Das Olivenöl auf einen flachen Teller geben, die Ciabattascheiben mit einer Seite eintauchen und mit dieser Seite nach oben auf einen Gitterrost legen. Etwa 5 Minuten bzw. goldbraun im Ofen backen und anschließend abkühlen lassen.
2. In der Zwischenzeit die Tomaten waschen, halbieren, vom Stielansatz befreien und in feine Würfel schneiden. Zwiebel abziehen und ebenfalls in feine Würfel schneiden. Zu den Tomaten geben. Mit Limettensaft und -zesten sowie Salz, Zucker und Pfeffer würzen.
3. Basilikum und Rucola waschen und trockenschütteln. Die Basilikumblätter abzupfen und mit dem Rucola in grobe Stücke reißen. Beides kurz vor dem Servieren unter die Tomatenmischung heben.
4. Knoblauch abziehen und halbieren. Die gerösteten Ciabattascheiben damit einreiben und die Tomatenmischung auf dem Brot verteilen.

Mein Tipp

Leicht und lecker passt Bruschetta zur Sommerzeit. Die Qualität der Tomaten ist ausschlaggebend für dieses Gericht. Der Geruch reifer Tomaten ist besonders intensiv.

NACHOS MIT AVOCADODIP

1. Avocado halbieren, entkernen und in der Schale in Würfel schneiden. Die Würfel mit einem Löffel herauslösen und in eine Schüssel geben. Zwiebel abziehen, Tomaten waschen. Beides in Würfel schneiden und anschließend unter die Avocadowürfel heben.
2. Knoblauch abziehen und mit der Reibe reiben. Petersilie waschen und trockenschütteln. Die Blättchen abzupfen, klein hacken und mit Knoblauch, Olivenöl, Senf und Zitronensaft ebenfalls unter die Avocadomischung heben. Mit Salz und Pfeffer abschmecken.
3. Die Nachochips in eine Schüssel geben und den Avocadodip dazu servieren.

2 PORTIONEN

1 Avocado (ready to eat)
½ rote Zwiebel
2 Cherrytomaten
¼ Knoblauchzehe
1 Stängel Petersilie
1 EL Olivenöl
1 TL Senf
1 TL Zitronensaft, frisch gepresst
Meersalz
weißer Pfeffer aus der Mühle
100 g Nachochips

Zubereitungszeit: 10 Minuten

Mein Tipp

Tortillachips bekommt man in jedem Supermarkt. Sie sind ein toller Snack für zwischendurch. Ich empfehle immer gern die Sorte »Natural«, da diese meist – je nach Hersteller – keine extrem lange Zutatenliste hat. Wer es scharf mag, kann den Dip schärfen oder die Naturchips mit Chili würzen.

FRISCHE SOMMERROLLEN

1. Die Erdnüsse in einer Pfanne ohne Fett leicht rösten und anschließend grob hacken. Tofu trockentupfen und in sehr feine Würfel schneiden. Das Öl in einer Pfanne erhitzen und die Tofuwürfel darin kross anbraten. Mit Kurkuma, Salz und Pfeffer würzen.
2. Die Glasnudeln nach Packungsanweisung in kochendem Salzwasser garen und danach sofort mit kaltem Wasser abschrecken. Basilikum, Kerbel und Minze waschen und trockenschütteln. Die Blätter abzupfen und in grobe Stücke reißen.
3. Das Reispapier in einer Schüssel mit kaltem Wasser einweichen, herausnehmen und die vorbereiteten Zutaten längs darauf verteilen. Einrollen und mit der süßsauren Sauce servieren.

4 PORTIONEN

20 g Erdnüsse
100 g Tofu
1 EL Öl zum Braten
1 Messerspitze gemahlene Kurkuma
Meersalz
Pfeffer aus der Mühle
50 g Glasnudeln
1 Stängel Thai-Basilikum
1 Stängel Kerbel
1 Stängel Minze
8 Blatt Reispapier
40 ml süßsaure Sauce

Zubereitungszeit: 25 Minuten

Mein Tipp

Beim Reispapier gibt es je nach Größe des Supermarktes eine beachtliche Auswahl. Das richtige zu finden ist da nicht immer leicht. Ich verwende gern dünnes Reispapier, da dieses schneller zu verarbeiten ist.

HUMMUS MIT MINZE

8 PORTIONEN (750 G)

650 g Kichererbsen aus der Dose
1 Knoblauchzehe
80 ml Olivenöl
Saft von 2/3 Zitrone
40 g Tahina (Sesampaste)
Kreuzkümmel (Cumin)
Cayennepfeffer
edelsüßes Paprikapulver
Meersalz
Pfeffer aus der Mühle
2 Stängel Minze
1/4 Bund Petersilie

Zubereitungszeit: 15 Minuten

1. Die Kichererbsen in ein Sieb geben und abtropfen lassen. Knoblauch abziehen. Kichererbsen, Knoblauch, Olivenöl, Zitronensaft und Tahina mit dem Stabmixer oder in einem Foodprozessor zu einer geschmeidigen Masse pürieren. Bei Bedarf etwas Wasser dazugeben. Mit Kreuzkümmel, Cayennepfeffer, Paprikapulver, Salz und Pfeffer würzen.
2. Minze und Petersilie waschen und trockenschütteln. Die Blätter abzupfen und fein hacken. Die Kräuter kurz vor dem Servieren unter die Kichererbsenmasse heben oder nach Wunsch den Hummus mit den Kräutern, Sesamsamen und Chiliringen dekorieren.

Mein Tipp

Hummus ist für mich ein Muss bei jedem Brunch. Es passt zu Gemüse und Brot, aber auch als Dip zu Gegrilltem. Zudem arbeite ich sehr gern mit Tahina, da sich die Sesampaste vielseitig einsetzen lässt. Ihr könnt sie in eine Panade einbauen, zu Dressing verarbeiten oder mit etwas Wasser und Gewürzen zu Veggie-Gyros reichen.

CAYENNE-VANILLE-POPCORN

1. Die Vanilleschote längs aufschlitzen. Das Rapsöl in einen Topf geben und bei mittelstarker Hitze erwärmen. Ein Maiskorn zum Test hineingeben: Platzt es auf, kann es losgehen. Den gesamten Mais mit der Vanilleschote in den Topf geben und den Deckel auflegen. Den Topf schwenken, bis das Popcorn aufzuplatzen beginnt.
2. Sobald kein Popcorn mehr aufplatzt, Topf vom Herd nehmen. Das Popcorn in eine große Schüssel füllen und die Vanilleschote entfernen. Margarine in einem Topf zerlassen. Zucker und Salz dazugeben und so lange erhitzen, bis der Zucker zu schmelzen beginnt. Das Popcorn sowie Cayennepfeffer und Sumach hinzufügen und alles gut vermischen. Sofort servieren, aber Vorsicht: Das Popcorn ist heiß!

2 PORTIONEN

1 Vanilleschote
50 ml Rapsöl
140 g Popcornmais
15 g vegane Margarine
130 g Rohrohrzucker
1 Prise Meersalz
1 g Cayennepfeffer
1 g Sumach (afrikanisches Essigbaumgewürz)

Zubereitungszeit: 15 Minuten

GEMÜSE CHIPS

1. Das Gemüse waschen, putzen und gegebenenfalls schälen. Mit einem Gemüsehobel in dünne Scheiben schneiden oder in mundgerechte Stücke zupfen.
2. Etwas Olivenöl mit Salz oder anderen Gewürzen und/oder Kräutern über die Gemüsechips geben und gut vermengen. Die Chips gleichmäßig auf einem mit Backpapier belegten Blech verteilen oder alternativ je nach Anweisung (bis 42 °C Rohkost) im Dörrgerät zubereiten. Bei 135 °C (Umluft) etwa 30 Minuten im Ofen backen. Den Ofen zwischendurch immer wieder öffnen, damit der Wasserdampf entweichen kann.

2 PORTIONEN

400 g Gemüse nach Wahl, z. B. Kartoffeln, Karotten, Pastinaken, Mangold oder Grünkohl
Olivenöl
Meersalz oder Bergkristallsalz
Gewürze nach Wahl, z. B. Paprikapulver, Cayennepfeffer, Pfeffer aus der Mühle
gewaschene und gehackte Kräuter nach Wahl, z. B. Rosmarin, Thymian, Bohnenkraut

Zubereitungszeit: 20 Minuten + 30 Minuten Backzeit

PETERS HACK

6 PORTIONEN

1 Packung Reiswaffeln à 100 g
Meersalz
50 ml neutrales Pflanzenöl, z. B. Sonnenblumenöl
1 EL Tomatenmark
1 Zwiebel
Pfeffer aus der Mühle
gemahlener Kümmel

Zubereitungszeit: 15 Minuten

1. Die Reiswaffeln mit den Händen in einer Schüssel zerbröseln. 150 Milliliter Wasser salzen und aufkochen. Mit dem Öl zu den Reiswaffelbröseln geben. 10 Minuten ziehen lassen.
2. Die Reiswaffelmischung mit dem Tomatenmark vermengen. Eventuell noch etwas Wasser dazugeben, wenn die Masse zu trocken ist. Zwiebel abziehen und in kleine Würfel schneiden. Zur Reiswaffelmischung geben und diese mit Salz, Pfeffer und Kümmel würzen.
3. Die Reiswaffelmischung nach Belieben auf Brotscheiben streichen und die Brote ebenfalls nach Belieben noch mit geschnittenen Zwiebeln und Petersilie garnieren.

Mein Tipp

Mett ist des wahren Mannes liebste Speise ... wird gern behauptet. Daher ist es mir wichtig, auch hier eine gesunde Alternative anzubieten, die weder Cholesterin noch tierische Fette beinhaltet, aber trotzdem vom Original nicht zu unterscheiden ist. Ich bin das erste Mal vor über zehn Jahren mit diesem Gericht in Kontakt gekommen und habe es seitdem in zahlreichen Kochshows und Vorträgen gereicht. Immer habe ich ein großes Staunen und Begeisterung geerntet. Besonders lecker ist das »Mett«, wenn es über Nacht im Kühlschrank ziehen kann.

GREEN-ENERGY-SMOOTHIE

1. Orangen, Kiwi und Banane schälen und in Würfel schneiden. Spinat verlesen, waschen und trockentupfen.
2. Das Obst mit Spinat, Minzblättchen, Ingwer, Öl und Wasser oder Eiswürfeln in einen Hochleistungsmixer geben und gut durchpürieren.

Mein Tipp

Dieser Smoothie strotzt geradezu vor Wirk- und Nährstoffen! Durch den hohen Vitamin-C-Anteil schenkt er dem Körper neue Energie; außerdem versorgt er den Körper mit Folsäure und regt die Eisenaufnahme an.

5 PORTIONEN ZU 100 ML

1½ Orangen
1 Kiwi
1 Banane (für die Süße und Cremigkeit)
75 g Spinat
1 EL Minzblättchen
1 TL Ingwerwurzel, frisch gerieben
1 TL Arganöl
150 ml Wasser oder Eiswürfel

Zubereitungszeit: 5 Minuten

MISS-COCO-SMOOTHIE

1. Orange und Birne schälen. Birne vom Kerngehäuse befreien und mit der Orange in grobe Stücke schneiden. Mit Ananas, Traubenkernöl, Kokosmilch und 125 Milliliter Wasser in einen Standmixer geben und gut durchpürieren.

5 PORTIONEN ZU 100 ML

2 Orangen
1 Birne
75 g Ananas
1 TL Traubenkernöl
100 ml Kokosmilch

Zubereitungszeit: 5 Minuten

LEINSAMEN-ERDBEER-SMOOTHIE

5 PORTIONEN ZU 100 ML

350 g Erdbeeren
1 Zitrone
50 g Rote Bete
2 EL Leinsamen
1 Messerspitze Vanillemark
Agavendicksaft nach Geschmack

Zubereitungszeit: 5 Minuten

1. Erdbeeren waschen, putzen und grob zerkleinern. Zitrone auspressen. Rote Bete schälen und in grobe Würfel schneiden. Dazu am besten Einmalhandschuhe anziehen, da das Gemüse stark färbt.
2. Erdbeeren, Zitronensaft, Rote Bete, Leinsamen und Vanillemark mit 150 Milliliter Wasser (oder Eis) in einen Standmixer geben und gut durchpürieren. Wem der Smoothie noch nicht süß genug ist, kann mit Agavendicksaft nachsüßen.

PIKANTER TOMATEN-SMOOTHIE MIT GRANATAPFEL

5 PORTIONEN ZU 100 ML

1 EL Chiasamen
275 g Tomaten
40 g Alfalfasprossen
75 g Granatapfelkerne
½ Messerspitze Meersalz
1 Prise Pfeffer aus der Mühle
1 EL Olivenöl (nativ extra vergine)

Zubereitungszeit: 5 Minuten

1. Die Chiasamen mit etwas Wasser bedecken und für 5 bis 10 Minuten einweichen.
2. Tomaten waschen und grob zerkleinern. Alfalfasprossen ebenfalls waschen. Tomaten, Alfalfasprossen, Chiasamen samt Einweichwasser, Granatapfelkerne, Meersalz, Pfeffer und Olivenöl mit 125 Milliliter Wasser in einen Standmixer geben und gut durchpürieren.

ANANAS-KOKOS-SHAKE MIT KORIANDER UND CHILI

1. Koriander waschen und trockenschütteln. Die Blätter abzupfen. Die restlichen Zutaten – bis auf die Chiliflocken – mit den Eiswürfeln in einen Mixer geben und auf höchster Stufe zu einem köstlichen Shake mixen.
2. Auf Gläser verteilen und mit Koriandergrün und Chiliflocken garniert servieren.

4 PORTIONEN

½ Bund Koriandergrün
400 ml Kokosmilch
400 ml Ananassaft
1 EL Kokosblütenzucker
1 Prise Meersalz
1 TL Zitronensaft, frisch gepresst
1 Prise Chiliflocken
3–4 Eiswürfel

Zubereitungszeit: 5 Minuten

HASELNUSS-SHAKE MIT KOKOSBLÜTENZUCKER

1. Alle Zutaten – bis auf den Zimt und die gehobelten Haselnusskerne – mit den Eiswürfeln in einen Mixer geben und auf höchster Stufe zu einem köstlichen Shake mixen.
2. Auf Gläser verteilen, mit gemahlenem Zimt und gehobelten Haselnüssen bestreuen und sofort servieren.

4 PORTIONEN

2 EL Haselnussmus
1 TL Kakaopulver
700 ml Haselnussmilch
1 EL Kokosblütenzucker
je 1 Prise Meersalz + Zimtpulver
1 EL gehobelte Haselnusskerne
3–4 Eiswürfel

Zubereitungszeit: 5 Minuten

HEIDELBEER-MANDEL-SHAKE

4 PORTIONEN

500 g Heidelbeeren (frisch oder TK)
500 ml Mandelmilch
1 EL Agavendicksaft
3–4 Eiswürfel
2 EL gehobelte Mandeln

Zubereitungszeit: 5 Minuten

1. Eine Schüssel mit Wasser füllen und die Heidelbeeren vorsichtig darin waschen. Aus dem Wasser heben und auf Küchenpapier abtropfen lassen. Tiefgekühlte Heidelbeeren auftauen lassen.
2. Die Beeren mit Mandelmilch und Agavendicksaft sowie den Eiswürfeln in einen Mixer geben und auf höchster Stufe zu einem köstlichen Shake mixen.
3. Auf Gläser verteilen, mit den gehobelten Mandeln bestreuen und sofort servieren.

PAPAYA-KAROTTEN-SHAKE

4 PORTIONEN

200 g Karotten
1 kleine Papaya, ca. 350 g
Saft von ½ Limette
2 EL Agavendicksaft
150 ml Sojamilch Vanille (1,5 % Fett)
150 ml Sojasahne
1 EL getrocknete Cranberrys
1 EL Kürbiskerne

Zubereitungszeit: 5 Minuten

1. Karotten waschen, putzen und schälen. Papaya waschen, schälen, vierteln und entkernen. Beides auf der mittleren Reibe zerkleinern und mit Limettensaft, Agavendicksaft, Sojamilch und Sojasahne vermengen.
2. Auf Gläser verteilen, mit Cranberrys und Kürbiskernen garnieren und servieren.

FÜR FITNESSFANS
UND ROHKOSTGOURMETS

SALAT-EXPRESS

SPARGEL-MELONEN-SALAT

4 PORTIONEN (VORSPEISE)

250 g grüner Spargel
Meersalz
300 g Wassermelone
100 g Honigmelone
50 g Pumpernickel
¼ Bund Kerbel
Grün von ½ Fenchelknolle
¼ Bund Estragon
2 EL Olivenöl
1 EL Aceto balsamico di Modena
Szechuanpfeffer

Zubereitungszeit: 15 Minuten

1. Spargel waschen und im unteren Drittel schälen. Die Spargelspitzen abschneiden und beiseitelegen. Den Rest in feine Stücke schneiden und leicht salzen. Das Fruchtfleisch aus den Melonen lösen und in Würfel schneiden. Den Pumpernickel zerbröseln und zu den Melonenwürfeln geben. Kerbel, Fenchelgrün und Estragon waschen, trockenschütteln, fein zupfen und ebenfalls zu den Melonenwürfeln geben. Spargelstücke untermischen und den Salat auf Tellern verteilen.
2. Olivenöl und Essig in einer Schüssel verrühren und über den Salat träufeln. Den Szechuanpfeffer fein zerstoßen und über den Salat geben. Mit den Spargelspitzen garnieren und sofort servieren.

DAS BILD ZUM REZEPT FINDET IHR AUF SEITE 36.

Mein Tipp

Dieser Salat ist mein Favorit im Frühsommer. An heißen Tagen sorgt er für ein geschmackliches Highlight und Abkühlung. Ich liebe Spargel und Melone – in Kombination schmecken sie noch besser. Wie? Ihr habt Spargel noch nicht roh gegessen? Dann wird es wirklich Zeit!

FITNESS-SPROSSEN SALAT

4 PORTIONEN (VORSPEISE)

Für die Tofu-Croûtons
200 g Tofu
2 EL Erdnussöl
2 EL Gomasio (Sesamwürze, am besten von Lima)
2 EL Tamari-Sojasauce (am besten von Lima)

Für das Dressing
6 EL kalt gepresstes Olivenöl
1 EL süßer Senf
Saft von ½ Limette
½ TL Rohrohrzucker
½ TL Himalaja-Salz
Pfeffer aus der Mühle

Für den Salat
6 Cocktailtomaten
¼ Salatgurke
1 rote Paprikaschote
1/3 Karotte
120 g gemischter Blattsalat
50 g Rucola
25 g Mungobohnensprossen
25 g Alfalfasprossen

Zubereitungszeit: 25 Minuten

1. Für die Tofu-Croûtons den Tofu mit etwas Küchenpapier trockentupfen und in feine Würfel schneiden. Das Erdnussöl in einer Pfanne erhitzen und die Tofuwürfel darin bei mittlerer Hitze goldbraun braten. Mit Gomasio bestreuen und zum Schluss mit Tamari ablöschen. Kurz weiter braten lassen und abschließend die Pfanne vom Herd nehmen, damit die Croûtons abkühlen können.

2. Für das Dressing Olivenöl, Senf und Limettensaft in eine Schüssel geben und mit einem Schneebesen verrühren. Anschließend mit Rohrohrzucker, Salz und etwas Pfeffer würzen.

3. Für den Salat die Cocktailtomaten waschen, vierteln und in eine große Schüssel geben. Die Gurke waschen, putzen, würfeln und dazugeben. Paprikaschote waschen, putzen und in feine Streifen schneiden. Ebenfalls in die Schüssel geben. Karotte putzen, schälen, mit einem Gemüsehobel in feine Streifen schneiden und zu den anderen Salatzutaten geben.

4. Blattsalat und Rucola waschen und trockenschleudern, damit das Dressing nicht verwässert. Die Salatblätter in mundgerechte Stücke zupfen, mit dem Rucola vermengen und ebenfalls in die Schüssel geben. Die Sprossen waschen und abtropfen lassen.

5. Vor dem Servieren das Dressing über den Salat gießen und alle Zutaten vorsichtig vermengen, bis das Dressing gleichmäßig verteilt ist. Den Salat auf Tellern anrichten und mit den Sprossen sowie den Tofu-Croûtons garnieren.

DAS BILD ZUM REZEPT FINDET IHR AUF SEITE 37.

ROTE-BETE-BLUTORANGEN-CARPACCIO

1. Die Vanilleschote längs aufschneiden und das Mark herauskratzen. Mit dem Essig in einen kleinen Topf geben und auf die Hälfte einkochen. Das Olivenöl dazugeben und mit Salz, Zucker und etwas Abrieb der Blutorange abschmecken.
2. Rote Beten schälen und mit einem Gemüsehobel oder einer Aufschnittmaschine in sehr feine Scheiben schneiden. Dazu am besten Einmalhandschuhe anziehen, da das Gemüse stark färbt. Blutorangen mit einem scharfen Messer schälen und das Fruchtfleisch in feine Scheiben schneiden.
3. Die Blutorangen- und die Rote-Bete-Scheiben auf einem Teller anrichten und die Vanillereduktion darübergeben.

4 PORTIONEN (VORSPEISE)

1 Vanilleschote
100 ml Aceto balsamico bianco
40 ml Olivenöl
Meersalz
Rohrohrzucker
2 Bio-Blutorangen
2 Rote Beten

Zubereitungszeit: 25 Minuten

Mein Tipp

Carpaccio bedeutet so viel wie hauchdünn geschnitten und kann mit jedem Gemüse und Obst zubereitet werden. Wem die Rote-Bete-Scheiben zu hart sind, der kann diese 2 Stunden in die Reduktion einlegen. Das Olivenöl gart aufgrund seiner Säure das Gemüse und macht es schön zart.

KAROTTEN MIT GEPOPPTEM WILDREIS

4 PORTIONEN (VORSPEISE)

20 g Kürbiskerne
20 g Sonnenblumenkerne
2 EL Rapsöl
20 g Wildreis
1 Prise Cayennepfeffer
1 Prise Pfeffer aus der Mühle
Meersalz
1 Prise Puderzucker
500 g Karotten
½ Bund Schnittlauch
1 EL Olivenöl

Zubereitungszeit: 15 Minuten

1. Eine Pfanne erhitzen, die Kürbis- sowie die Sonnenblumenkerne darin ohne Fett anrösten und beiseitestellen. Eine Schüssel mit einem Sieb bereitstellen.
2. Das Rapsöl in der Pfanne erhitzen. Ab und zu ein Reiskorn in das Öl geben und – sobald es poppt – den restlichen Reis dazugeben. Sobald der gesamte Reis gepoppt ist, das Öl durch das Sieb abgießen, damit der Reis nicht verbrennt. Den Reis auf Küchenpapier ausfetten lassen und anschließend zu den Kürbis- und Sonnenblumenkernen geben. Die Mischung mit Cayennepfeffer, Pfeffer, Salz und Puderzucker bestreuen.
3. Karotten putzen, schälen und mit einem Sparschäler in breite Streifen schneiden. Schnittlauch waschen, trockenschütteln und in feine Röllchen schneiden. Mit dem Olivenöl und etwas Salz zu den Karotten geben. Die Kern-Reis-Mischung über den Salat geben und nach Belieben mit einigen Schnittlauchhalmen garniert servieren.

Mein Tipp

Gepoppter Wildreis ist eine tolle Sache, die ich in meinem Restaurant von Marcus Kümmel gezeigt bekommen habe. Seitdem dekoriere ich Salate und Hauptspeisen, aber auch Desserts damit.

RADICCHIO SALAT MIT PILZEN UND BIRNEN

4 PORTIONEN (VORSPEISE)

2 Köpfe Radicchio
2 Schalotten
200 g frische gemischte Pilze
2 Zweige Thymian
2 Birnen
4 EL Olivenöl
1 Knoblauchzehe
Meersalz
Pfeffer aus der Mühle
25 ml Rotwein
1 Schälchen Gartenkresse
80 g Paranüsse
1 Bio-Limette

Zubereitungszeit: 25 Minuten

1. Die äußeren Blätter des Radicchio entfernen, die Köpfe halbieren, vom Strunk befreien und mit einem Messer in breite Streifen schneiden. Die Radicchiostreifen in eine Schüssel geben.
2. Schalotten abziehen und in Streifen schneiden. Pilze putzen und in grobe Stücke schneiden. Thymian waschen und trockenschütteln. Die Blättchen abzupfen. Birnen waschen, vom Kerngehäuse befreien und in Würfel schneiden.
3. In einer Pfanne das Olivenöl erhitzen. Den Knoblauch in der Schale andrücken und mit den Schalotten zum Öl geben. Das Ganze 1 Minute anschwitzen und anschließend die Pilze sowie den Thymian hinzufügen und goldbraun braten. Nun die Birnenwürfel dazugeben, mit Salz und Pfeffer würzen, mit Rotwein ablöschen und einköcheln lassen. Die Pfanne vom Herd nehmen und abkühlen lassen. Den Knoblauch entfernen.
4. Die Pilzmischung zum Radicchio geben. Die Kresse waschen und vom Beet schneiden. Die Paranüsse grob hacken und zusammen mit der Kresse über den Salat streuen. Die Limette waschen, vierteln und dazugeben.

Mein Tipp

Knoblauch stoße ich bei solchen Gerichten nur an und gebe ihn mit der Schale in die Pfanne. Somit verhindere ich, dass der Knoblauch anbrennt und einen bitteren Geschmack erzeugt.

CARPACCIO VOM KRÄUTERSEITLING

4 PORTIONEN (VORSPEISE)

6 Kräuterseitlinge
3 EL Sojasauce
2 EL Olivenöl
1 TL Rohrohrzucker
¼ Knoblauchzehe
¼ Bund glatte Petersilie
¼ Bund Basilikum
¼ Bund Minze
¼ Bund Dill
½ EL Hefeflocken
4 EL Olivenöl
50 g Pinienkerne
Meersalz
Saft von 1 Zitrone
200 g Salatmix
1 Bio-Zitrone

Zubereitungszeit: 20 Minuten

1. Die Kräuterseitlinge putzen, in feine Scheiben schneiden und mit der Sojasauce und dem Olivenöl einpinseln. Den Zucker darüberstreuen und die Kräuterseitlinge auf einem mit Backpapier ausgelegten Backblech bei 180 °C 5 bis 7 Minuten im Ofen backen.

2. Knoblauch abziehen und mit der Reibe reiben. Petersilie, Basilikum, Minze und Dill waschen und trockenschütteln. Die Blättchen abzupfen und mit Hefeflocken, Olivenöl und Pinienkernen in ein hohes Gefäß geben. Mit dem Stabmixer zu einem Pesto verarbeiten. Mit Salz, Knoblauch und Zitronensaft würzen.

3. Salat waschen, trockenschleudern und in mundgerechte Stücke zupfen. Die Pilze auf Tellern verteilen, den Salat mit anrichten und das Ganze mit Pesto beträufeln. Die Zitrone waschen, achteln und an das Kräuterseitlingcarpaccio anlegen. Nach Belieben noch mit gerösteten Pinienkernen garnieren.

Mein Tipp

Kräuterseitlinge sind meine liebsten Pilze. Ich schätze nicht nur den Geschmack, sondern auch die feste Konsistenz. Halbierte und marinierte Kräuterseitlinge sind der Hit auf jedem Grill und ähneln in der Konsistenz zartem Fleisch.

POWER-SALAT

4 PORTIONEN (VORSPEISE)

1 Salatgurke
2 Avocados
1 Peperoni
150 g Salatmix
½ Bund Koriander
½ Bund Minze
½ Bund Basilikum
1 EL Olivenöl
1 EL Arganöl
Saft von 1 Limette
1 EL Paranüsse, grob gehackt
1 EL Kürbiskerne
1 EL Pinienkerne
1 EL Sesamsamen
1 EL Gojibeeren

Zubereitungszeit: 20 Minuten

1. Gurke gründlich waschen und in grobe Stifte schneiden. Avocados halbieren und entkernen. Das Fruchtfleisch mit einem Löffel aus der Schale heben und in feine Würfel schneiden. Peperoni halbieren, vom Kerngehäuse befreien und in sehr feine Streifen schneiden. Den Salatmix waschen, trockenschleudern und in mundgerechte Stücke zupfen.

2. Koriander, Minze und Basilikum waschen und trockenschütteln. Die Blättchen abzupfen und mit Olivenöl, Arganöl und Limettensaft im Mörser zu einem Pesto verarbeiten.

3. Paranüsse, Kürbiskerne, Pinienkerne und Sesamsamen in einer Pfanne ohne Fett anrösten. Den Salat mit Gurkenstiften, Avocadowürfeln und Peperonistreifen in eine Schüssel geben. Das Pesto darübergeben, alles gut durchmixen und anschließend auf Tellern portionieren. Vor dem Servieren den Nussmix und die Gojibeeren darüberstreuen.

Mein Tipp

Für die Deko einfach die Hälfte der Kräuterblättchen beiseitestellen und zum Schluss über den Salat streuen. Ein Mörser ist jeden Cent wert. Ihr könnt mit ihm schnell ein Pesto machen, aber auch Gewürze und Nüsse schroten. Im Asialaden gibt es gute und preiswerte Exemplare.

ALGEN-SALAT

4 PORTIONEN (VORSPEISE)

2 Orangen
400 g getrockneter Algenmix
15 g frische Ingwerwurzel
50 ml Sweet Chilisauce
Saft von 2 Limetten
20 g Sesamsamen
10 ml geröstetes Sesamöl
Meersalz
1 Messerspitze Koriandersamen
400 g Tofu
Dinkelmehl zum Panieren
3 EL Rapsöl

Zubereitungszeit: 25 Minuten

1. Orangen schälen und filetieren. Die Algen nach Packungsanweisung zubereiten und anschließend in feine Streifen schneiden. Ingwer schälen und reiben. Chilisauce mit Ingwer, der Hälfte des Limettensafts, Sesamsamen und Sesamöl verrühren. Mit etwas Salz abschmecken und unter die Algen mischen.
2. Die Koriandersamen in einem Mörser zerstoßen und mit dem restlichen Limettensaft und etwas Salz vermengen. Den Tofu in Streifen schneiden und 5 Minuten darin marinieren. Anschließend abtropfen lassen und im Mehl wälzen. Das Rapsöl in einer Pfanne erhitzen und den Tofu darin anbraten.
3. Orangenfilets, Algensalat und Tofu auf Tellern anrichten und nach Belieben mit der Tofumarinade beträufeln.

Mein Tipp

Ich empfehle, immer frischen Ingwer zu verwenden. Er lässt sich am besten mit einem Löffel schälen. Eingefroren hält er sich mehrere Wochen und kann mit dem Messer oder mit der Raspel portioniert werden.

BULGUR-BROKKOLI-SALAT

4 PORTIONEN (VORSPEISE)

4 Tassen Gemüsefond
2 Tassen feiner Bulgur
300 g Brokkoli
2 Karotten
80 g rote Paprika
80 g Salatgurke
40 g Lauch
200 g Tofu
1 Knoblauchzehe
1 Chilischote
¼ Bund Petersilie
¼ Bund Minze
¼ Bund Dill
geröstete Sesamsamen
30 ml kalt gepresstes Olivenöl
Schale und Saft von 1 Bio-Limette
Meersalz
Pfeffer aus der Mühle
1 Prise Muskatnuss, frisch gerieben
½ TL Sumach (afrikanisches Essigbaumgewürz)

Zubereitungszeit: 25 Minuten

1. Gemüsefond aufkochen. Bulgur in eine Schüssel geben und mit dem Gemüsefond so übergießen, dass der Bulgur ganz bedeckt ist. Im Fond gar ziehen lassen.
2. In der Zwischenzeit den Brokkoli waschen, putzen und garen. Karotten waschen, putzen und klein würfeln. Paprika, Gurke und Lauch ebenfalls waschen und putzen. Ebenso wie den Tofu und den gegarten Brokkoli klein schneiden. Knoblauch abziehen. Chilischote waschen, längs aufschneiden und entkernen. Kräuter waschen und trockenschütteln, die Blätter abzupfen. Knoblauch, Chili und Kräuter fein hacken.
3. Gegarten Bulgur, Brokkoli, Karotten, Paprika, Gurke, Lauch, Tofu, Knoblauch, Chili und Kräuter in einer großen Schüssel vermengen und mit geröstetem Sesam bestreuen (siehe dazu auch Tipp). Den Bulgur-Brokkoli-Salat mit Olivenöl, Limettenschale, Limettensaft, Salz, Pfeffer, Muskat und Sumach würzen. Kurz im Kühlschrank durchziehen lassen und anschließend servieren.

Mein Tipp

Den Bulgur-Brokkoli-Salat kann man auch super im Pide- oder Fladenbrot essen. Solltet ihr keinen gerösteten Sesam im Supermarkt finden oder parat haben, könnt ihr die Samen auch einfach kurz in einer Pfanne ohne Fett anrösten.

SUPPEN-EXPRESS

KICHERNDE GRÜNKOHL-CHILI-SUPPE

1. Frischen Grünkohl waschen, putzen und in feine Streifen schneiden. Grünkohl aus dem Glas in ein Sieb geben und abtropfen lassen. Zwiebel abziehen und in grobe Stücke schneiden. Den Knoblauch andrücken und von der Schale befreien.

2. In einem Topf 2 Esslöffel Olivenöl erhitzen und Zwiebel sowie Knoblauch darin glasig dünsten. Grünkohl, Haferflocken und Fond zugeben und bei mittlerer Hitze ohne Deckel einkochen.

3. In der Zwischenzeit die Kichererbsen in ein Sieb geben, abtropfen lassen und mit den Rosinen in eine Schüssel geben. Den Saft von 1 Limette über die Kichererbsen träufeln und diese anschließend mit der Hälfte des Korianders, dem Kreuzkümmel und Salz würzen.

4. Die Suppe nach etwa 20 Minuten Garzeit mit einem Stabmixer pürieren. Mit Cayennepfeffer, dem restlichen Koriander, Zucker, Salz und Pfeffer sowie dem Saft der halben Limette abschmecken. Die Suppe auf tiefe Teller verteilen, die Kichererbsen dazugeben und mit Chiliflocken garniert servieren.

DAS BILD ZUM REZEPT FINDET IHR AUF SEITE 54.

4 PORTIONEN

300 g Grünkohl, frisch oder aus dem Glas
1 Zwiebel
1 Knoblauchzehe
4 EL Olivenöl
25 g Haferflocken
300 ml Gemüsefond
1 Dose Kichererbsen à 260 g Abtropfgewicht
50 g Rosinen
Saft von 1½ Limetten
¼ TL gemahlener Koriander
1 Messerspitze gemahlener Kreuzkümmel (Cumin)
Meersalz
1 Prise Cayennepfeffer
2 TL Rohrohrzucker
Pfeffer aus der Mühle
Chiliflocken

Zubereitungszeit: 30 Minuten

Mein Tipp

Für eine schöne Deko 4 Grünkohlblätter waschen, putzen und mit Salz und Cayennepfeffer bestreuen. Etwas Rapsöl über die Blätter träufeln und diese anschließend bei 140 °C 20 Minuten auf mittlerer Schiene im Ofen backen.

ERDAPFEL-CREMESUPPE

4 PORTIONEN

250 g Kartoffeln
50 g Knollensellerie
1 Zwiebel
2 EL Rapsöl
1 TL Albaöl
400 ml Gemüsefond
40 g Kürbiskerne
1 EL Puderzucker
Pfeffer aus der Mühle
1 Schälchen Gartenkresse
Meersalz
Muskatnuss, frisch gerieben
4 TL Kürbiskernöl

Zubereitungszeit: 30 Minuten

1. Kartoffeln schälen und in feine Würfel schneiden. Sellerie waschen, putzen und ebenfalls in feine Würfel schneiden. Zwiebel abziehen und fein würfeln.
2. Raps- und Albaöl in einem Topf erhitzen und Zwiebel sowie Sellerie darin glasig dünsten. Die Kartoffelwürfel dazugeben und kurz andünsten. Mit Gemüsefond ablöschen und etwa 20 Minuten köcheln lassen.
3. In der Zwischenzeit eine Pfanne ohne Öl erhitzen und die Kürbiskerne darin mit dem Puderzucker und etwas Pfeffer goldbraun rösten. Die Kresse waschen und vom Beet schneiden.
4. Die Suppe fein pürieren und mit Salz, Pfeffer und Muskat abschmecken. Auf Tellern verteilen, je 1 Teelöffel Kürbiskernöl darüberträufeln und mit den gerösteten Kürbiskernen sowie der Kresse garniert servieren.

DAS BILD ZUM REZEPT FINDET IHR AUF SEITE 55.

Mein Tipp

Dazu passt geröstetes Weißbrot. Um die Suppe noch deftiger zu gestalten, gibt es die Möglichkeit, geräucherten und gebratenen Tofu zu verwenden oder auf Liquid Smoke oder Rauchsalz zurückzugreifen. Aber Vorsicht: Die beiden Würzmittel sind sehr intensiv!

ROTE-BETE-SUPPE MIT BIRNENSALAT

1. Rote Bete schälen und in feine Stücke schneiden. Dazu am besten Einmalhandschuhe anziehen, da das Gemüse stark färbt. Zwiebel abziehen und in grobe Stücke schneiden. Birnen waschen und vom Kerngehäuse befreien. 1 Birne ebenfalls in grobe Stücke schneiden, die andere Birne in feine Würfel schneiden, mit Zitronensaft beträufeln und beiseitestellen.
2. Die Margarine in einem Topf zerlassen und die Rote Bete, die Zwiebel, die Birnenstücke sowie die Gewürznelken darin glasig dünsten. Mit Salz und Pfeffer würzen und mit Rotwein ablöschen. Diesen vollständig einkochen lassen, dann den Gemüsefond aufgießen und alles weich kochen.
3. In der Zwischenzeit Majoran und Petersilie waschen und trockenschütteln. Die Blätter abzupfen. Frühlingszwiebeln waschen, putzen und in sehr feine Ringe schneiden. Walnüsse hacken und mit den Kräutern sowie den Frühlingszwiebeln zu den beiseitegestellten Birnenwürfeln geben. Den Birnensalat mit Agavendicksaft und Salz abschmecken.
4. Die Rote-Bete-Suppe mit dem Stabmixer sehr fein pürieren und mit Salz und Pfeffer abschmecken. Anschließend auf Tellern verteilen und den Birnensalat als Einlage dazugeben.

4 PORTIONEN

200 g Rote Bete
1 Zwiebel
2 Birnen
Saft von 1 Zitrone
2 EL vegane Margarine
2 Gewürznelken
Meersalz
Pfeffer aus der Mühle
40 ml Rotwein
300 ml Gemüsefond
½ Bund Majoran
½ Bund Petersilie
¼ Bund Frühlingszwiebeln
40 g Walnüsse
Agavendicksaft

Zubereitungszeit: 25 Minuten

Mein Tipp

Rote Bete kann auch gekocht in der Gemüseabteilung gekauft werden. So wird die Zubereitungszeit auf 15 Minuten verkürzt.

SAUERKRAUT SUPPE MIT PILZEN

4 PORTIONEN

3 Zwiebeln
3 EL Sonnenblumenöl
300 g Sauerkraut aus der Dose
300 ml Gemüsefond
1 Pimentkorn
1 Lorbeerblatt
200 g Pilze
1 Messerspitze gemahlener Kümmel
Meersalz
Pfeffer aus der Mühle
1 Bund Petersilie
1 Karotte
Rohrohrzucker

Zubereitungszeit: 30 Minuten

1. Zwiebeln abziehen und in feine Streifen schneiden. In einer Pfanne das Sonnenblumenöl erhitzen und 2/3 der Zwiebeln darin goldgelb schmoren. Anschließend in eine Schüssel geben.

2. In der Zwischenzeit das Sauerkraut mit den restlichen Zwiebelstreifen in einen Topf geben und andünsten. Mit Gemüsefond aufgießen. Piment und Lorbeer zur Suppe geben und diese 15 bis 20 Minuten köcheln lassen.

3. Pilze putzen und in grobe Stücke schneiden. Mit Kümmel, Salz und Pfeffer in der Zwiebelpfanne anbraten und anschließend zu den geschmorten Zwiebeln in die Schüssel geben.

4. Petersilie waschen und trockenschütteln. Die Blätter abzupfen und grob hacken. Karotte waschen, putzen und mit einer Reibe fein reiben. Beides zur Pilz-Zwiebel-Mischung geben und diese mit Salz und Pfeffer abschmecken.

5. Lorbeer und Piment aus der Sauerkrautsuppe entfernen. Die Suppe pürieren, mit Salz und Zucker abschmecken und auf Tellern verteilen. Die Pilzeinlage dazugeben und heiß servieren.

Mein Tipp

Mit geröstetem dunklem Brot servieren. Diese Suppe ist für jeden Sauerkrautliebhaber ein Muss. Ihr könnt sie auch noch mit eurem Lieblingssenf pimpen.

KLARE ZWIEBELSUPPE

1. Zwiebeln abziehen und in Streifen schneiden. Thymian waschen und trockenschütteln. Die Blättchen abzupfen. Das Weiße vom Lauch in feine Ringe schneiden und waschen.
2. Das Öl in einem Topf erhitzen und Zwiebeln sowie Thymian darin glasig anschwitzen. Lorbeerblätter, Paprikapulver, Muskat, Salz und Pfeffer dazugeben und mit Weißwein ablöschen. Den Weißwein einkochen lassen, anschließend den Lauch dazugeben und mit Gemüsefond aufgießen. Die Suppe etwa 15 Minuten köcheln lassen.
3. In der Zwischenzeit das Baguette in längliche Scheiben schneiden und rösten. Knoblauch abziehen, halbieren und die Baguettescheiben damit einreiben.
4. Die Lorbeerblätter aus der Suppe entfernen, die Suppe mit Salz und Pfeffer abschmecken. Auf Tellern verteilen und das geröstete Baguette dazu servieren.

4 PORTIONEN

8 Zwiebeln
½ Bund Thymian
2 Stangen Lauch
(nur das Weiße)
2 EL Olivenöl
2 Lorbeerblätter
edelsüßes Paprikapulver
Muskatnuss, frisch gerieben
Meersalz
Pfeffer aus der Mühle
100 ml Weißwein
400 ml Gemüsefond
½ Baguette
1 Knoblauchzehe

Zubereitungszeit: 25 Minuten

Mein Tipp

Für mich eine schnelle und leckere Suppe, die immer realisierbar ist, da die Zutaten meist in jeder Küche vorhanden sind. Sie steht dem Original in rein gar nichts nach und macht Lust auf Frankreich.

BOHNEN-EINTOPF

6 PORTIONEN

1 große Zwiebel
200 g Räuchertofu
1 Zweig Rosmarin
1 Knoblauchzehe
300 g Kartoffeln
400 g grüne Bohnen
300 g Karotten
50 ml Öl
Meersalz
Pfeffer aus der Mühle
2 l Gemüsefond
½ TL Bohnenkraut

Zubereitungszeit: 25 Minuten

1. Zwiebel abziehen und in feine Würfel schneiden. Räuchertofu in kleine Würfel schneiden. Rosmarin waschen und trockenschütteln. Knoblauch abziehen und in feine Würfel schneiden. Kartoffeln schälen und ebenfalls fein würfeln. Bohnen und Karotten waschen und putzen. Beides in kleine Stücke schneiden.
2. Das Öl in einem Topf erhitzen und die Zwiebel darin anschwitzen. Räuchertofu mit Salz, Pfeffer und Rosmarin dazugeben und scharf anbraten. Anschließend die Knoblauchwürfel dazugeben und etwa 1 Minute mit anschwitzen. Mit dem Gemüsefond aufgießen und die Kartoffelwürfel in die Suppe geben. Aufkochen und Bohnen sowie Karotten hinzufügen. Das Ganze mit Bohnenkraut würzen und 15 Minuten köcheln lassen.
3. Wenn die Kartoffeln die richtige Konsistenz haben, den Rosmarinzweig entfernen und den Eintopf mit Salz und Pfeffer abschmecken.

Mein Tipp

Um einen noch deftigeren Geschmack zu erzeugen, könnt ihr Liquid Smoke oder Rauchsalz verwenden. Diese Zutaten bitte sehr sparsam benutzen, da sie sehr intensiv sind. Kaufen könnt ihr sie in jedem guten Feinkostladen.

LINSENSUPPE MIT ANANAS

1. Karotten waschen und putzen. Ingwer schälen. Zwiebel und Knoblauch abziehen. Alles in kleine Würfel schneiden. Chilischoten waschen, längs aufschlitzen, entkernen und fein hacken.

2. Das Gemüse in etwas Öl andünsten. Gemüsefond, Linsen und Kokosmilch dazugeben, kurz aufkochen lassen und anschließend zugedeckt etwa 20 Minuten köcheln lassen. Mit Zitronensaft, Salz, Kreuzkümmel und gemahlenem Koriander würzen.

3. Ananas schälen und vom Strunk sowie in Stücke schneiden. Die Stücke in etwas Öl anbraten. Dabei mit Zucker bestreuen und diesen etwas karamellisieren lassen.

4. Koriandergrün waschen und trockenschütteln. Die Blättchen abzupfen. Die Suppe auf Teller verteilen. Den Koriander zum Selbstdosieren an den Tellerrand legen. Die Ananasstücke können entweder in die Suppe gegeben oder auf Holzspieße gesteckt und dazu serviert werden.

4 PORTIONEN

3 Karotten
25 g frische Ingwerwurzel
1 kleine Zwiebel
1 Knoblauchzehe
2 rote Chilischoten
Öl zum Andünsten
800 ml Gemüsefond
250 g rote Linsen
250 ml Kokosmilch
3 EL Zitronensaft, frisch gepresst
Meersalz
1 Messerspitze gemahlener Kreuzkümmel (Cumin)
1 Messerspitze gemahlener Koriander
600 g Ananas
2 EL Rohrohrzucker
½ Bund Koriandergrün

Zubereitungszeit: 30 Minuten

Mein Tipp

Ananas in deftigen Gerichten ist nicht jedermanns Sache. Hier in der Linsensuppe rundet die leicht saure Süße den Geschmack hervorragend ab.

GURKEN KALTSCHALE

1. Gurke schälen und in kleine Würfel schneiden. Mit dem Sojajoghurt in ein hohes Gefäß geben und mit dem Stabmixer pürieren. Mit Salz und Pfeffer würzen.
2. Dill waschen und trockenschütteln. Die Blättchen abzupfen und fein hacken. Unter die Gurkenkaltschale rühren. Die Gurkensuppe kalt servieren und nach Belieben mit Zitronenzesten bestreuen.

4 PORTIONEN

1 Salatgurke
500 g Sojajoghurt
(z. B. Yofu von Provamel)
Meersalz
Pfeffer aus der Mühle
1 Bund Dill

Zubereitungszeit: 15 Minuten

Mein Tipp

Dieses Rezept ist eines meiner Lieblingsrezepte, da es nicht nur extrem einfach ist, sondern auch verdammt lecker. Es passt zu Menüs, aber auch zu jedem Grillvergnügen. Wichtig ist die Qualität der Gurken. Aus dem eigenen Garten sind sie am leckersten. Zudem empfehle ich den Joghurt von Provamel, da dieser keine Süße hat und somit perfekt passt.

FAST TASTE OF ASIA

1. Für die Basis die Zwiebel abziehen und grob würfeln. Ingwer schälen und ebenfalls grob würfeln. Zwiebel und Ingwer mit den restlichen Zutaten in einem Topf zum Kochen bringen und 20 Minuten köcheln lassen.
2. In der Zwischenzeit für die Beilage die Sobanudeln laut Packungsanweisung gar kochen. Tofu in feine Würfel schneiden, Champignons putzen und vierteln. Radieschen waschen, putzen und in feine Scheiben schneiden. Die Chilischote längs aufschneiden, entkernen und in sehr feine Streifen schneiden. Zwiebel abziehen, halbieren und in Stifte schneiden. Karotte waschen, putzen und in feine Stifte reiben. Koriander und Minze waschen und trockenschütteln. Die Blätter abzupfen und fein schneiden.
3. Sobanudeln, Tofu, Pilze, Radieschen, Chili, Zwiebel und Karotte auf Schüsseln verteilen. Die Basis durch ein feines Sieb gießen und sofort auf die Nudelmischung in den Schüsseln geben. Mit Sesamöl beträufelt und mit Koriander sowie Minze garniert heiß servieren.

Mein Tipp

Die Basis – auf Vorrat gekocht und kochend heiß in Einweckgläser gefüllt – kann über mehrere Monate gelagert werden. So reduziert sich die Zubereitungszeit von 25 auf 15 Minuten.

8 PORTIONEN

Für die Basis
1 Zwiebel
40 g frische Ingwerwurzel
1,6 l Gemüsefond
½ TL Kreuzkümmel (Cumin)
½ TL Fenchelsamen
1 Messerspitze gemahlene Nelke
3 Kardamomkapseln
1 Zimtstange
2 EL Tamari-Sojasauce (am besten von Lima)
1 EL Rohrohrzucker
Meersalz

Für die Beilage
250 g Sobanudeln
200 g Naturtofu
100 g Champignons
½ Bund Radieschen
1 rote Chilischote
1 rote Zwiebel
1 Karotte
½ Bund Koriander
1 Stängel Thai-Minze
10 ml Sesamöl

Zubereitungszeit: 25 Minuten

SENFSÜPPCHEN MIT APFEL & KRÄUTERN

4 PORTIONEN

75 g Knollensellerie
1 Stange Lauch (nur das Weiße)
1 Apfel
¼ Bund Dill
¼ Bund Kerbel
¼ Bund Schnittlauch
2 EL Rapsöl
50 ml Weißwein
1 l Gemüsefond
1 EL Stärke
2 EL Senf mit ganzen Körnern
250 ml Hafersahne
Cayennepfeffer
Meersalz

Zubereitungszeit: 25 Minuten

1. Sellerie und Lauch waschen und putzen. Sellerie in kleine Würfel, Lauch in feine Ringe schneiden. Apfel waschen, entkernen und in kleine Würfel schneiden. Die Kräuter waschen und trockenschütteln. Die Blättchen abzupfen bzw. den Schnittlauch in Röllchen schneiden.

2. Das Öl in einem Topf erhitzen und Sellerie sowie Lauch darin anschwitzen. Mit Weißwein ablöschen und einkochen lassen. Den Gemüsefond dazugießen und alles ohne Deckel 20 Minuten köcheln lassen. Anschließend pürieren und durch ein Sieb passieren.

3. Die Stärke in kaltes Wasser einrühren, zur Suppe geben und kurz aufkochen lassen. Senf und Hafersahne unterrühren und mit Cayennepfeffer und Salz abschmecken. Apfelwürfel und Kräuter in die Suppe geben und sofort servieren.

Mein Tipp

Senf wurde aufgrund seiner Schärfe schon vor 3000 Jahren von den Chinesen geschätzt. Später kam er auf Umwegen in die europäische Region. Er regt den Appetit an und fördert die Fettverdauung. Es gibt Senf von süß über fruchtig bis hin zu deftig und scharf und von fein bis grob.

GENUSS UND
ABWECHSLUNG

OFEN-EXPRESS

ZITRONENKARTOFFELN
MIT RUCOLA UND PINIENKERNEN

4 PORTIONEN

¼ Bund Thymian
1 Knoblauchzehe
2 Bio-Zitronen
750 g Bio-Kartoffeln
50 ml Olivenöl
Pfeffer aus der Mühle
Meer- oder Bergkristallsalz
1 Prise Rohrohrzucker
30 g Pinienkerne
50 g Rucola

Zubereitungszeit: 30 Minuten + ca. 25 Minuten Backzeit

1. Thymian waschen und trockenschütteln. Die Blättchen abzupfen und hacken. Knoblauch abziehen und ebenfalls hacken. Von 1 Zitrone mit einem Zestenreißer feine Streifen von der Schale abziehen, die Zitrone auspressen.
2. Kartoffeln gründlich waschen, achteln (nicht schälen!) und in eine Plastiktüte geben. Olivenöl, Thymian, Pfeffer, Salz, Zucker, Knoblauch und Zitronenzesten sowie Zitronensaft dazugeben und alles gut mischen. Die Kartoffeln in einer feuerfesten Form verteilen und bei 185 °C etwa 25 Minuten im Ofen backen, bis sie innen weich und außen schön knusprig sind. Während der Backzeit 2-mal wenden.
3. Die restliche Zitrone auspressen und den Saft 5 Minuten vor Ende der Backzeit über die Kartoffeln geben. Pinienkerne in einer Pfanne ohne Fett anrösten. Rucola waschen, trockenschütteln und von groben Stielen befreien. Beides kurz vor dem Servieren über die Zitronenkartoffeln geben.

DAS BILD ZUM REZEPT FINDET IHR AUF SEITE 74.

Mein Tipp

Die Marinade ist bei diesem Gericht das A und O und kann nach Belieben durch Kräuter und Gewürze erweitert werden. Wichtig ist, dass die Marinade leicht überwürzt ist, da die Kartoffeln reichlich Geschmack ziehen.

BLÄTTERTEIGSCHNECKEN
MIT TOFU UND ZWIEBELN

4 PORTIONEN

2 Platten Blätterteig (TK)
Mehl für die Arbeitsfläche
½ Bund Petersilie
3 rote Zwiebeln
100 g Räuchertofu
20 ml Rapsöl
200 g Sojajoghurt
(z. B. Yofu von Provamel)
1 TL Flohsamen
Meersalz
Pfeffer aus der Mühle
Muskatnuss, frisch gerieben

Zubereitungszeit:
ca. 20 Minuten +
20 Minuten Kühlzeit +
15 Minuten Backzeit

1. Den Blätterteig nebeneinander auf die bemehlte Arbeitsfläche legen und leicht antauen lassen. Den Backofen auf 210 °C vorheizen.
2. Petersilie waschen und trockenschütteln. Die Blätter abzupfen und hacken. Zwiebeln abziehen und in Streifen schneiden. Tofu ebenfalls in Streifen schneiden. Das Rapsöl in einer Pfanne erhitzen und Zwiebeln sowie Tofu darin anbraten, bis sie leicht Farbe bekommen. Vom Herd nehmen und mit Petersilie, Sojajoghurt sowie Flohsamen vermischen. Kräftig salzen und mit Pfeffer sowie Muskat würzen.
3. Den Blätterteig etwas ausrollen und die Tofu-Zwiebel-Mischung darauf verteilen. Den Teig vorsichtig von der langen Seite her einrollen und die Rollen für etwa 20 Minuten ins Gefrierfach legen. Dadurch lässt sich der Teig anschließend besser schneiden.
4. Nach dem Kühlvorgang die Rollen in 3 bis 5 Millimeter dicke Scheibchen schneiden und diese auf ein mit Backpapier belegtes Backblech legen. Die Blätterteigschnecken etwa 15 Minuten im Ofen backen, bis sie schön goldbraun sind.

DAS BILD ZUM REZEPT FINDET IHR AUF SEITE 75.

Mein Tipp

Veganen Blätterteig gibt es inzwischen in fast jedem Supermarkt zu kaufen.

OFENGEMÜSE MIT JOGHURT-GURKEN-DRESSING

1. Paprikaschoten und Zucchini waschen und putzen. Tomaten waschen, Kartoffeln unter fließendem Wasser gründlich abbürsten. Alles in grobe Stücke schneiden und auf einem mit Backpapier belegten Backblech verteilen. Die Knoblauchzehe mit Schale andrücken und dazugeben. Rosmarin und Thymian waschen und trockenschütteln und ebenfalls dazugeben. Mit Salz und Pfeffer würzen, mit Olivenöl beträufeln und bei 180 °C 15 Minuten auf mittlerer Schiene im Ofen backen.
2. In der Zwischenzeit die Gurke waschen, in feine Stifte schneiden, salzen und mindestens 10 Minuten ziehen lassen. Anschließend das Wasser, das die Gurken gezogen haben, abgießen. Minze waschen und trockenschütteln. Die Blätter abzupfen und hacken. Mit dem Sojajoghurt zu den Gurken geben. Mit Salz und Pfeffer würzen.
3. Knoblauchzehe, Rosmarin und Thymian vom Blech entfernen, das Gemüse direkt aus dem Ofen servieren und das Dressing dazu reichen.

4 PORTIONEN

2 Paprikaschoten
2 Zucchini
2 Tomaten
4 Kartoffeln
1 Knoblauchzehe
1 Zweig Rosmarin
2 Zweige Thymian
Meersalz
Pfeffer aus der Mühle
3 EL Olivenöl
½ Salatgurke
½ Bund Minze
200 g Sojajoghurt

Zubereitungszeit: 25 Minuten

Mein Tipp

Dieses Ofengemüse ist bei jedem Grillfest der Hit – entweder direkt vom Grill oder in Alufolie gedämpft. Probiert doch mal, Früchte (Melone, Birne, Avocado …) oder Salate (Chicorée, Radicchio) zu grillen. Ihr werdet überrascht sein, wie lecker das ist!

KARTOFFELPIZZA ELSÄSSER ART

1. Kartoffeln gründlich waschen und fein reiben. Mit Muskat, Salz und Pfeffer würzen und auf einem mit Backpapier ausgelegten Blech verteilen. Die Hafersahne mit der Stärke verrühren und über den Pizzaboden gießen.
2. Zwiebeln abziehen und in feine Stifte schneiden. Räuchertofu trockentupfen und ebenfalls in feine Stifte schneiden. Zwiebeln und Tofu auf der Kartoffelpizza verteilen, mit Majoran bestreuen und die Pizza bei 180 °C 15 bis 20 Minuten auf mittlerer Schiene im Ofen backen. Die Kartoffelpizza nach Belieben mit etwas Gartenkresse garniert servieren.

4 PORTIONEN

1 kg Bio-Kartoffeln
Muskatnuss, frisch gerieben
Meersalz
Pfeffer aus der Mühle
200 ml Hafersahne
1 TL Speisestärke
2 rote Zwiebeln
200 g Räuchertofu
1 EL getrockneter Majoran

Zubereitungszeit: 20 Minuten + 15–20 Minuten Backzeit

Mein Tipp

Das Topping kann ganz nach Belieben geändert werden.

KNUSPRIGE ROLLEN

4 PORTIONEN

1 Zwiebel
1 Karotte
50 g Knollensellerie
½ Stange Lauch
200 g Naturtofu
150 ml Hafersahne
1 EL Kartoffelstärke
2 EL Rapsöl
1 Messerspitze Muskatnuss, frisch gerieben
½ TL getrockneter Majoran
1 Messerspitze gemahlener Kümmel
½ TL edelsüßes Paprikapulver
Meersalz
Pfeffer aus der Mühle
150 g Blätterteig
Mehl für die Arbeitsfläche

Zubereitungszeit: 15 Minuten + 15 Minuten Backzeit

1. Zwiebel abziehen, Karotte und Sellerie waschen und putzen. Alles fein reiben. Lauch waschen, putzen und in feine Streifen schneiden. Tofu mit den Händen fein zerbröseln und mit Hafersahne und Stärke vermengen. Das Gemüse und das Öl dazugeben und alles noch einmal gründlich vermengen. Die Masse mit Muskat, Majoran, Kümmel, Paprikapulver, Salz und Pfeffer würzen.
2. Den Backofen auf 160 °C vorheizen. Den Blätterteig auf der bemehlten Arbeitsfläche dünn ausrollen und in 4 Stücke schneiden. Die Masse darauf verteilen und die Stücke zu Rollen formen. Die Enden der Rollen gründlich verschließen und die Rollen für etwa 15 Minuten auf der mittleren Schiene im Ofen goldgelb backen. Heiß servieren.

Mein Tipp

Nach Wunsch können die Rollen vor dem Backen mit schwarzen Sesamsamen oder grob gemahlenem Pfeffer bestreut werden.

Dieses Rezept zeigt: Tofu eignet sich sehr gut zum Binden. Das Eiweiß im Tofu gerinnt beim Backen und wird zu einer festen Masse. So lassen sich auch sehr gut Terrinen zubereiten.

GEBACKENER KÜRBIS MIT COUSCOUS

4 PORTIONEN

2 mittelgroße Hokkaidokürbisse
600 ml Gemüsefond
1 Schalotte
1 Karotte
100 g Tomaten
1 Orange
1 Bund Dill
300 g Couscous
40 g Pinienkerne
1 Messerspitze gemahlener Zimt
1 Messerspitze Chilipulver
Meersalz

Zubereitungszeit: 20 Minuten + 20 Minuten Backzeit

1. Hokkaidokürbisse waschen, etwa ein Drittel davon abschneiden und die Kerne entfernen. Die Kürbisdrittel klein schneiden. In der Zwischenzeit den Gemüsefond zum Kochen bringen. Schalotte abziehen, Karotte waschen und putzen, Tomaten waschen. Schalotte, Karotte und Tomaten in feine Würfel schneiden. Die Orange schälen und ebenfalls in feine Würfel schneiden. Dill waschen und trockenschütteln. Die Blättchen abzupfen und hacken.
2. Backofen auf 180 °C vorheizen. Couscous mit Gemüse, Orangenwürfeln, Pinienkernen, Dill, Zimt, Chilipulver und etwas Salz in eine Schüssel geben und gründlich vermengen. Die Masse anschließend in die Kürbisse füllen, die Kürbisse mit der Öffnung nach oben auf ein Backblech legen und die Füllung mit dem kochenden Gemüsefond aufgießen. Die Hokkaidokürbisse etwa 20 Minuten auf mittlerer Schiene im Ofen backen.
3. Vor dem Servieren die Hokkaidokürbisse nach Belieben noch mit frischen Kräutern garnieren.

Mein Tipp

Der Hokkaido kommt ursprünglich aus Japan. Das Besondere an diesem Kürbis ist, dass die Schale weich wird und nicht entfernt werden muss. Auch ist der Kürbis nach dem Garen formstabil und eignet sich hervorragend zum Grillen. Geschmacklich passen Zitronengras und Kokos auch gut zum Hokkaido.

ROTE BETE
MIT KARTOFFELN UND MEERRETTICHCREME

4 PORTIONEN

Meersalz
500 g Bio-Kartoffeln
500 g vorgekochte Rote Bete
2 Zwiebeln
1 Fenchelknolle
4 EL Rapsöl
½ TL Koriandersamen
2 Messerspitzen Cayennepfeffer
Pfeffer aus der Mühle
100 ml Hafersahne
2 EL Meerrettich, frisch gerieben
Saft von ½ Zitrone
Brunnenkresse zum Garnieren

Zubereitungszeit: 20 Minuten + 15 Minuten Backzeit

1. Einen Topf mit gesalzenem Wasser aufsetzen und das Wasser zum Kochen bringen. Die Kartoffeln waschen und in grobe Stücke schneiden. Die Kartoffelstücke 5 Minuten im kochenden Wasser ziehen lassen.
2. In der Zwischenzeit die Rote Bete grob würfeln. Dazu am besten Einmalhandschuhe anziehen, da das Gemüse stark färbt. Zwiebeln abziehen und in grobe Stücke schneiden. Fenchel waschen, halbieren, vom Strunk befreien und ebenfalls in grobe Stücke schneiden.
3. Den Backofen auf 180 °C vorheizen. Die Kartoffeln abgießen und mit Roter Bete, Zwiebeln und Fenchel in eine Schüssel geben. Rapsöl, Koriandersamen, Cayennepfeffer, Salz und Pfeffer in einen Mörser geben und zu einer Marinade verarbeiten. Die Marinade über die Kartoffel-Rote-Bete-Mischung träufeln und alles gut vermengen.
4. Die Kartoffel-Rote-Bete-Mischung auf einem mit Backpapier ausgelegten Backblech verteilen und etwa 15 Minuten auf der mittleren Schiene im Ofen backen. Hafersahne, Meerrettich und Zitronensaft verrühren und mit Salz und Pfeffer würzen.
5. Das gebackene Gemüse auf Tellern verteilen, mit Brunnenkresse garnieren und die Meerrettichcreme dazu servieren.

Mein Tipp

Am besten immer frischen Meerrettich verwenden, da er so die meiste Power hat. Ich verwende ihn für Dressings, Saucen und Dips.

TORTILLA-PIZZA

4 PORTIONEN

¼ Knoblauchzehe
80 g getrocknete Tomaten in Öl
Saft und Zesten von ½ Bio-Zitrone
40 ml Sweet Chilisauce
2 EL Olivenöl
Meersalz
Pfeffer aus der Mühle
4 Tortilla-Wraps
400 g Cherrytomaten
2 Zweige Rosmarin
50 g Rucola
50 g schwarze Oliven ohne Stein
20 g Pinienkerne

Zubereitungszeit: 10 Minuten + 15 Minuten Backzeit

1. Knoblauch abziehen. Die Hälfte der getrockneten Tomaten mit dem Zitronensaft und den Zitronenzesten, dem Knoblauch, der Chilisauce und dem Olivenöl mit dem Stabmixer zu einer Paste verarbeiten und mit Salz und Pfeffer würzen.

2. Den Backofen auf 250 °C vorheizen. Die Würzpaste auf den Wraps verteilen. Tomaten waschen und halbieren. Rosmarin waschen und trockenschütteln. Die Nadeln von den Zweigen streifen. Rucola waschen, trockenschütteln und in mundgerechte Stücke zupfen. Tomatenhälften, restliche getrocknete Tomaten, Rosmarin, Oliven und Pinienkerne auf den Wraps verteilen und diese etwa 5 Minuten auf der mittleren Schiene im Ofen backen. Herausnehmen, mit Rucola garnieren und servieren.

Mein Tipp

Pizza ist des Deutschen liebstes Gericht mit italienischem Einfluss. Dabei ist der Pizzateig das A und O und braucht in der Regel Zeit und Erfahrung. Nach einem Tortillaabend blieben mehrere Wraps liegen, und so hatten wir am folgenden Tag die Idee, Pizza daraus zu machen. Eine tolle Sache für Partys oder als schnelles Essen.

MAKKARONI-AUFLAUF

1. Die Makkaroni nach Packungsanweisung in reichlich Salzwasser bissfest garen. Anschließend abgießen, kalt abschrecken und in eine große Schüssel geben.
2. Den Backofen auf 180 °C vorheizen. Zwiebeln abziehen und in Streifen schneiden. Die Margarine in einer Pfanne erhitzen und die Zwiebeln darin glasig dünsten. Zu den Makkaroni in die Schüssel geben. Karotten schälen, klein schneiden und ebenfalls in die Schüssel geben. Anschließend Hafersahne, Kapern und Erbsen dazugeben. Alles gründlich vermischen, mit Worcestersauce, Cayennepfeffer, Salz, Muskat und Zucker würzen und in eine Auflaufform füllen.
3. Den Makkaroni-Auflauf etwa 25 Minuten auf der mittleren Schiene im Ofen goldgelb backen.

4 PORTIONEN

500 g Makkaroni
Meersalz
2 Zwiebeln
vegane Margarine zum Andünsten
200 g Karotten
400 ml Hafersahne
50 g Kapern
200 g Erbsen (TK)
Worcestersauce
1 Messerspitze Cayennepfeffer
1 Prise Muskatnuss, frisch gerieben
Rohrohrzucker

Zubereitungszeit: 20 Minuten + 25 Minuten Backzeit

Mein Tipp

Zu viele Nudeln gekocht? Wer kennt das nicht? Abgekühlt und abgedeckt halten sich die Nudeln mehrere Tage im Kühlschrank und können z. B. für diesen Auflauf oder die Kokos-Milchnudeln (Rezept siehe S. 124) verwendet werden.

IF YOU ARE
RACIST
ASSHOLE

PAKORA-MUFFINS

1. Den Backofen auf 185 °C vorheizen. Die Mulden einer Muffinform einfetten.
2. Zwiebeln abziehen und in feine Streifen schneiden. Kartoffeln schälen und in feine Stifte schneiden. Kichererbsenmehl mit Reismehl, Kurkuma, gemahlenem Koriander, Kreuzkümmel, Cayennepfeffer, Muskat, Salz und Backpulver gut vermischen. Zwiebeln, Kartoffeln und Erbsen dazugeben und nochmals alles gut vermischen.
3. Koriandergrün und Minze waschen und trockenschütteln. Die Blätter abzupfen und fein hacken. Mit 350 Milliliter Wasser, Olivenöl, Zucker und Limettensaft zur Mehlmischung geben und alles zu einer zähen Masse verarbeiten.
4. Die Masse auf die Muffinmulden verteilen und etwa 30 Minuten im Ofen backen, bis die Pakora-Muffins goldbraun sind. Leicht abkühlen lassen, aus der Form nehmen und noch warm oder abgekühlt servieren.

Mein Tipp

Als wir dieses Rezept entwickelten, dachten wir an eine To-go-Version eines deftigen Muffins. Dieser Muffin kann auch zu jedem indischen bzw. orientalischen Abend gebacken werden und passt hervorragend zu Currys oder Chutneys.

4 PORTIONEN

Fett für die Form
3 rote Zwiebeln
100 g Kartoffeln
300 g Kichererbsenmehl
75 g Reismehl
½ TL gemahlene Kurkuma
½ TL gemahlener Koriander
1 Messerspitze gemahlener Kreuzkümmel (Cumin)
1 Messerspitze Cayennepfeffer
1 Messerspitze Muskatnuss, frisch gerieben
Meersalz
1 TL Backpulver
150 g Erbsen (tiefgekühlt)
¼ Bund Koriandergrün
¼ Bund Minze
30 ml Olivenöl
1 Prise Rohrohrzucker
Saft von ½ Limette

Zubereitungszeit: 15 Minuten + ca. 30 Minuten Backzeit

INNOVATIVE
KLASSIKER

HERD-EXPRESS

QUINOA-RISOTTO
MIT ERDBEEREN UND SPARGEL

1. Schalotten abziehen und in feine Würfel schneiden. 2 Esslöffel Olivenöl in einem Topf erhitzen und die Schalotten darin anschwitzen. Mit Kurkuma bestäuben. Sobald die Schalotten glasig sind, den Quinoa dazugeben und mit Weißwein ablöschen. Sobald der Weißwein eingekocht ist, Gemüsefond, Sojasahne und Margarine dazugeben und alles zum Kochen bringen. Estragon waschen und trockenschütteln. Die Blätter abzupfen und mit den Hefeflocken unter den Risotto rühren. Mit Salz und Pfeffer würzen.
2. In der Zwischenzeit Spargel schälen und schräg in Stücke schneiden. Das restliche Olivenöl in einer Pfanne erhitzen und den Spargel darin anbraten. Mit Salz würzen.
3. Erdbeeren waschen, putzen und in Stücke schneiden. Mit dem Essig beträufeln und mit etwas Zucker bestreuen. Den Risotto auf einer großen Platte anrichten und mit Spargel sowie Erdbeeren garnieren.

DAS BILD ZUM REZEPT FINDET IHR AUF SEITE 94.

4 PORTIONEN

2 Schalotten
4 EL Olivenöl
1 Messerspitze gemahlene Kurkuma
250 g roter Quinoa
100 ml Weißwein
100 ml Gemüsefond
100 ml Sojasahne
50 g vegane Margarine
½ Bund Estragon
1 EL Hefeflocken
Meersalz
Pfeffer aus der Mühle
500 g weißer Spargel
250 g Erdbeeren
10 ml Aceto balsamico
Rohrohrzucker

Zubereitungszeit: 30 Minuten

Mein Tipp

Quinoa, auch als Gold der Inka bezeichnet, ist eine der gesündesten Eiweißquellen, die wir haben. Auch die Nährstoffzusammensetzung ist hervorragend. Daher nutze ich dieses Getreide gern als Alternative zum Risottoreis.

KÜRBISPUFFER MIT CHAMPIGNON-RAHMSAUCE

4 PORTIONEN

½ Bund Frühlingszwiebeln
300 g Hokkaidokürbis
1 EL Sesamsamen
Meersalz
Pfeffer aus der Mühle
Muskatnuss, frisch gerieben
½ Knoblauchzehe
1 Schalotte
100 g Champignons
4 EL Öl
100 ml Hafersahne
Saft von ½ Zitrone

Zubereitungszeit: 30 Minuten

1. Frühlingszwiebeln waschen, putzen und in feine Ringe schneiden. Kürbis waschen, entkernen, reiben und mit dem Sesam sowie den weißen Ringen der Frühlingszwiebeln vermischen. Mit Salz, Pfeffer und Muskat würzen und zu Rösti formen.

2. Knoblauch mit Schale andrücken, Schalotte abziehen und in Würfel schneiden. Champignons putzen und vierteln. 1 Esslöffel Öl in einer Pfanne erhitzen und Schalotten sowie Knoblauch darin anbraten. Die Pilze dazugeben, mitbraten und mit Salz und Pfeffer würzen. Sobald die Champignons Farbe genommen haben, die Knoblauchzehe entfernen, die Hafersahne angießen und einköcheln lassen. Die Champignon-Rahmsauce mit Salz, Pfeffer und Zitronensaft würzen.

3. In der Zwischenzeit das restliche Öl portionsweise in einer zweiten Pfanne erhitzen und die Kürbisrösti darin bei mittlerer Hitze braten. Nach 3 bis 4 Minuten die Rösti vorsichtig wenden und ausbacken lassen. Mit der Champignon-Rahmsauce auf Teller geben und mit den restlichen Frühlingszwiebelringen bestreut servieren.

DAS BILD ZUM REZEPT FINDET IHR AUF SEITE 95.

Mein Tipp

Kürbis hat wie auch die Kartoffel sehr viel Stärke und kann somit gut ausgebacken werden. Ich mag besonders den exotischen und kräftigen Geschmack des Hokkaidos.

SPITZKOHL MIT ORANGEN-YOFU-SAUCE

1. Spitzkohl waschen, putzen, achteln und vom Strunk befreien. Das Rapsöl mit den Kümmelsamen in einer Pfanne erhitzen und die Spitzkohlachtel 2 Minuten darin schmoren. Gemüsefond angießen und den Kohl 15 Minuten darin gar köcheln.
2. In der Zwischenzeit für den Reis das Öl erhitzen. Eine Schüssel mit einem Sieb bereitstellen. Ab und zu ein Korn in das Öl geben und – sobald es poppt – den restlichen Reis dazugeben. Sobald der gesamte Reis gepoppt ist, das Öl durch das Sieb abgießen, damit der Reis nicht verbrennt. Den Reis auf Küchenpapier ausfetten lassen.
3. Den Kohl aus dem Fond nehmen und bei 80 °C im Ofen warm stellen. Den Fond 5 Minuten einkochen, vom Herd nehmen und den Sojajoghurt dazugeben. Orangenzesten und -saft hinzufügen und mit Salz und Zucker würzen.
4. Den Reis und die Orangen-Joghurt-Sauce über den Spitzkohl geben und tiefgefrorenen Ingwer, tiefgefrorene Peperoni sowie tiefgefrorenes Zitronengras mit einer scharfen Reibe darüberhobeln. Die Minze waschen und trockenschütteln. Die Blätter abzupfen und auf den Spitzkohl streuen. Nach Belieben mit einem Orangenfilet garniert servieren.

4 PORTIONEN

800 g Spitzkohl
2 EL Rapsöl
5 Kümmelsamen
125 ml Gemüsefond
100 ml Öl
50 g Wildreis
350 g Sojajoghurt
(z. B. Yofu von Provamel)
Zesten und Saft von
1 Bio-Orange
Meersalz
10 g Rohrohrzucker
5 g Ingwer, tiefgefroren
½ Peperoni, tiefgefroren
1 Stiel Zitronengras, tiefgefroren
½ Bund Minze

Zubereitungszeit: 30 Minuten

Mein Tipp

Kümmel ist eines meiner Lieblingsgewürze. Ich schätze nicht nur den einzigartigen Geschmack, sondern auch die positive Wirkung auf Magen und Darm.

KICHERERBSEN-TOFU-EINTOPF

1. Tofu trockentupfen, Zwiebeln abziehen. Beides in feine Stücke schneiden. Das Rapsöl in einer Pfanne erhitzen und Tofu sowie Zwiebeln darin anschwitzen, bis die Zwiebeln glasig werden. Den Zucker darüberstreuen und karamellisieren lassen. Mit Essig ablöschen, anschließend die Pfanne vom Herd nehmen.
2. Die Kichererbsen in ein Sieb geben und abtropfen lassen. Frühlingszwiebel waschen, putzen und in feine Ringe schneiden. In einem Topf die Margarine zerlassen und das Mehl darin anschwitzen. Gemüsefond nach und nach unter ständigem Rühren dazugießen und binden lassen. Karamellisierten Tofu, Frühlingszwiebel und Kichererbsen hineingeben und alles 5 Minuten köcheln lassen.
3. Zum Schluss Sahne und Senf unterrühren und mit Salz, Pfeffer, Essig und eventuell Zucker abschmecken. Nach Belieben den Kichererbsen-Tofu-Eintopf mit Pellkartoffeln servieren.

4 PORTIONEN

400 g Naturtofu
1½ Zwiebeln
4 EL Rapsöl
4 EL Rohrohrzucker
8 EL Aceto balsamico di Modena
560 g Kichererbsen aus der Dose
1 Frühlingszwiebel
5 EL vegane Margarine
2 EL Weizenmehl Type 550
550 ml Gemüsefond
100 ml Sojasahne
2 EL feiner Senf
Meersalz
Pfeffer aus der Mühle

Zubereitungszeit: 20 Minuten

Mein Tipp

Die klassische Mehlschwitze, auch Roux genannt, dient zum Andicken von Suppen und Saucen. Für eine helle Roux 60 Gramm Mehl mit 40 Gramm Margarine in einer beschichteten Pfanne erhitzen, bis die Margarine schmilzt und sich mit dem Mehl verbindet. Die Pfanne vom Herd ziehen, bevor die Masse braun wird. Abkühlen lassen, zu einer Rolle formen und in Scheiben einfrieren. Die dunkle Roux wird wie die helle zubereitet; allerdings wird die Pfanne hier erst vom Herd gezogen, wenn die Masse braun geröstet ist.

ORIENTALISCHER BLUMENKOHL

4 PORTIONEN

Meersalz
1,5 kg Blumenkohl
60 g Pinienkerne
60 g Sonnenblumenkerne
1 rote Zwiebel
4 EL Olivenöl
2 TL Currypulvermischung Madras
120 g Cranberrys
2 EL Reisessig
Rohrohrzucker
Pfeffer aus der Mühle
½ Bund krause Petersilie

Zubereitungszeit: 20 Minuten

1. In einem großen Topf gesalzenes Wasser zum Kochen bringen. In der Zwischenzeit den Blumenkohl waschen und grob in Röschen teilen. 10 Minuten im siedenden Wasser ziehen lassen.
2. Pinien- und Sonnenblumenkerne in einer Pfanne ohne Fett anrösten, in eine Schüssel geben und beiseitestellen. Zwiebel abziehen und in grobe Stücke schneiden. Das Öl in der Pfanne erhitzen und die Zwiebel darin glasig dünsten. Currypulver und Cranberrys hinzufügen und 1 Minute anschwitzen. Die abgetropften Blumenkohlröschen in die Pfanne geben und ebenfalls anschwitzen. Mit Reisessig ablöschen und mit Salz, Zucker und Pfeffer würzen.
3. Petersilie waschen und trockenschütteln. Die Blätter abzupfen und vor dem Servieren mit den gerösteten Kernen über den Blumenkohl streuen.

Mein Tipp

In der indischen Küche werden die ungemahlenen Gewürze wie Koriandersaat, Bockshornklee, Schwarzkümmel, Senfsaat und Kardamom erst ohne Fett erhitzt und anschließend in Fett gebraten, damit sie ihren vollen Geschmack entwickeln. So lässt sich ein tolles Aromaöl herstellen, das jedes orientalische Gericht abrundet.

SÜSSKARTOFFEL-OMELETT MIT AVOCADO-ZUCCHINI-SALAT

1. Für das Omelett Süßkartoffeln und Ingwer schälen, fein reiben und in einer Schüssel mit den Sesamsamen vermengen. Mit Salz, Pfeffer und Muskat würzen.
2. Für den Avocado-Zucchini-Salat Sojasprossen waschen. Zucchini waschen, putzen und in feine Stifte schneiden. Minze und Koriander waschen und trockenschütteln. Die Blätter abzupfen und fein hacken. Frühlingszwiebeln waschen, putzen und ebenfalls fein hacken. Avocado halbieren, entkernen und das Fruchtfleisch aus der Schale lösen. Mit einem scharfen Messer in Streifen schneiden. Limettensaft, Olivenöl, Salz und Pfeffer zu einem Dressing verrühren. Die Salatzutaten mit den Cashewkernen in einer Schüssel vermengen und mit dem Dressing beträufeln.
3. In einer Pfanne das Fett zum Ausbacken des Omeletts erhitzen. Die Süßkartoffelmasse darin verteilen und 5 bis 6 Minuten backen. Vorsichtig wenden und weitere 5 bis 6 Minuten backen. Aus der Pfanne nehmen und kurz auf Küchenpapier entfetten. Den Avocado-Zucchini-Salat auf einer Hälfte verteilen und das Omelett zuklappen.

2 PORTIONEN

Für das Omelett
300 g Süßkartoffeln
20 g frische Ingwerwurzel
1 EL Sesamsamen
Meersalz
Pfeffer aus der Mühle
Muskatnuss, frisch gerieben
Fett zum Ausbacken

Für den Avocado-Zucchini-Salat
150 g Sojasprossen
1 Zucchini
½ Bund Minze
½ Bund Koriander
½ Bund Frühlingszwiebeln
1 Avocado
Saft von 2 Limetten
15 ml Olivenöl
Meersalz
Pfeffer aus der Mühle
30 g Cashewkerne

Zubereitungszeit: 30 Minuten

Mein Tipp

Es können mehrere Omeletts vorbereitet und im Backofen bei 60 bis 80 °C einige Minuten warm gehalten werden.

PILZTOPF
MIT AVOCADO UND GRAUBROT

1. Schalotten abziehen und vierteln. Pilze putzen und in grobe Stücke schneiden oder reißen. Knoblauch andrücken. Thymian waschen und trockenschütteln. Die Blättchen abzupfen.
2. Eine große Pfanne stark erhitzen und die Pilze 1 Minute ohne Fett darin anbraten. Die Temperatur reduzieren und das Öl mit den Schalotten, dem Knoblauch und den Thymianblättchen dazugeben. Die Pilze braun braten und mit Salz, Pfeffer und Zitronensaft würzen.
3. Avocados halbieren und entkernen. Das Fruchtfleisch aus der Schale lösen und in grobe Würfel schneiden. Schnittlauch waschen, trockenschütteln in grobe Röllchen schneiden. Kurz bevor die Pilze gar sind, Avocadowürfel und Schnittlauchröllchen vorsichtig unterheben und mitdünsten.
4. Das Brot im Toaster knusprig rösten. Den Babyspinat verlesen, waschen und trockentupfen. Kurz vor dem Servieren unter die Pilze heben. Den Pilztopf heiß servieren und das geröstete Graubrot dazu reichen.

4 PORTIONEN

4 Schalotten
500 g gemischte Pilze,
z. B. je 125 g Austernpilze, Kräuterseitlinge, Shiitakepilze und Champignons
1 Knoblauchzehe
1 Zweig Thymian
3 EL Olivenöl
Meersalz
Pfeffer aus der Mühle
Saft von ½ Zitrone
2 Avocados
½ Bund Schnittlauch
4 Scheiben Graubrot
100 g Babyspinat

Zubereitungszeit: 25 Minuten

Mein Tipp

Die Avocado ist für mich schon lange ein Muss in der gesunden Küche. Aber ich habe lange gebraucht, bis ich sie auch in warmen Gerichten verwendet habe. Sie passt hervorragend zu Pilzen oder auch gegrillt zu Salaten. Nur Mut, dies auszuprobieren! Ihr werdet überrascht sein.

SAUERKRAUT
MIT RÄUCHERTOFU UND KARTOFFELSTAMPF

1. Kartoffeln schälen und in kleine Stücke schneiden. Reichlich Salzwasser in einem Topf zum Kochen bringen und die Kartoffelstücke darin weich garen.
2. In der Zwischenzeit Karotten putzen und schälen, Zwiebeln abziehen. Karotten fein raspeln. 1 Zwiebel in feine Streifen schneiden. Tofu fein würfeln.
3. In einem Topf 1 Esslöffel Margarine erhitzen und die Zwiebelstreifen mit dem Tofu darin glasig dünsten. Die geriebenen Karotten, etwas Lorbeer und Piment sowie das Sauerkraut dazugeben. Mit Salz und Pfeffer würzen und bei geringer Hitze köcheln lassen.
4. Die gar gekochten Kartoffeln in ein Sieb abgießen. Restliche Margarine in einem weiteren Topf zerlassen. Restliche Zwiebel in feine Würfel schneiden und diese in der Margarine goldgelb schmoren lassen. Gegarte Kartoffeln, Sahne und Muskat dazugeben und alles mit einem Stampfer zerkleinern. Kartoffelstampf mit Salz und Pfeffer würzen, das Sauerkraut noch einmal mit Salz und Pfeffer abschmecken und alles heiß servieren.

4 PORTIONEN

600 g Kartoffeln
Meersalz
2 mittelgroße Karotten
2 Zwiebeln
100 g Räuchertofu
70 g vegane Margarine (z. B. von Alsan)
einige Lorbeerblätter
einige Pimentkörner
500 g Sauerkraut
Pfeffer aus der Mühle
150 ml Sojasahne
Muskatnuss, frisch gerieben

Zubereitungszeit: 30 Minuten

Mein Tipp

Alternativ kann der Tofu auch im Ganzen angebraten und zwischen Kartoffelstampf und Sauerkraut serviert werden.

RIESENBOHNEN-PFANNE MIT GERÄUCHERTEM TOFU

4 PORTIONEN

1 Zwiebel
200 g Räuchertofu
Olivenöl zum Anbraten
1 EL Tamari-Sojasauce (am besten von Lima)
400 g weiße Bohnen aus der Dose
100 ml Gemüsefond
2 Äpfel (Boskop)
Meersalz
Pfeffer aus der Mühle
Basilikum zum Garnieren

Zubereitungszeit: 25 Minuten

1. Zwiebel abziehen und in feine Würfel schneiden. Tofu trockentupfen und ebenfalls in feine Würfel schneiden. Olivenöl in einer Pfanne erhitzen und den Tofu darin anbraten. Nach etwa 2 Minuten Zwiebel und Tamari-Sojasauce dazugeben und in der Pfanne goldgelb schmoren. Die Bohnen abgießen, abtropfen lassen und mit dem Gemüsefond in die Pfanne geben. Aufkochen.
2. Äpfel waschen, vom Kerngehäuse befreien und in Würfel oder Spalten schneiden. Kurz vor dem Servieren unter die Bohnen mengen. Die Riesenbohnen-Pfanne mit Salz und Pfeffer würzen und mit etwas Basilikum garnieren.

Mein Tipp

Geräucherten Tofu ist ein wahres Geschmackserlebnis. Durch die Räucherung gibt er einen deftigen Geschmack an das Gericht ab und erinnert an gebratenen Speck. Der Schuss Tamari rundet den Geschmack des Tofus ab.

GEFLAMMTES GEMÜSE MIT ASIATISCHER SAUCE

4 PORTIONEN

250 g Reis-Wildreis-Mischung
¼ Brokkoli
1 rote Paprikaschote
1 Zucchini
2 Stangen Sellerie
½ Fenchelknolle
1 Karotte
1 Zwiebel
Sesamöl
1 TL grüne Currypaste
400 ml Kokosmilch
Meersalz
Zesten von ½ Bio-Orange
Europagras für die Deko

Zubereitungszeit: 25 Minuten

1. Den Reis in ein Sieb geben und gründlich unter fließendem Wasser spülen. In einen Topf füllen und mit 450 Milliliter kaltem Wasser aufgießen. Aufkochen und anschließend bei geringer Hitze in 20 bis 25 Minuten gar kochen.
2. In der Zwischenzeit das Gemüse waschen, putzen und in grobe Stücke schneiden. Zwiebel abziehen und ebenfalls in grobe Stücke schneiden.
3. Sesamöl in einem Wok bis kurz vor dem Rauchpunkt erhitzen. Currypaste hinzufügen und kurz anrösten. Das vorbereitete Gemüse dazugeben und etwa 2 Minuten bei starker Hitze braten. Mit Kokosmilch ablöschen, mit Salz und Orangenzesten würzen und nach Belieben noch mit Currypaste abschmecken.
4. Europagras waschen und trockenschütteln. Reis auf einem Teller anrichten und das Gemüse um den Reis herum anlegen. Mit dem Europagras garniert servieren.

Mein Tipp

Europagras ist auch als Langer Koriander bekannt und hat einen ähnlichen Geschmack wie dieser. Erhältlich ist Europagras in gut sortierten Asia-Läden.

FÜR NASCHKATZEN

SÜSS-EXPRESS

APFEL-PFANNKUCHEN

1. Weizen- und Sojamehl in eine Schüssel sieben und mit 50 Gramm Zucker, Sojamilch, Albaöl, 2 Esslöffel Rapsöl, Salz und Vanillemark zu einer homogenen Masse verrühren. Apfel waschen, vom Kerngehäuse befreien und reiben. Mit den Pistazien unter den Pfannkuchenteig mischen.
2. Restliches Rapsöl in einer beschichteten Pfanne erhitzen und den Teig darin portionsweise zu 6 Pfannkuchen ausbacken. Dabei nach Belieben noch mit Apfelscheiben belegen. Zimt, restlichen Zucker, Cayennepfeffer und gemahlenen Ingwer mischen und zu den Pfannkuchen reichen.

DAS BILD ZUM REZEPT FINDET IHR AUF SEITE 114.

6 PORTIONEN

250 g Weizenmehl
4 TL Sojamehl
150 g Rohrohrzucker
400 ml Sojamilch
2 EL Albaöl
3 EL Rapsöl
1 Prise Meersalz
Mark von ½ Vanilleschote
1 Apfel
40 g gehackte Pistazien
1 TL gemahlener Zimt
1 Messerspitze Cayennepfeffer
1 Messerspitze gemahlener Ingwer

Zubereitungszeit: 15 Minuten

Mein Tipp

Albaöl habe ich 2010 zum ersten Mal kennengelernt. Der intensive Buttergeschmack hat mich auf der Stelle umgehauen. Spritzer davon zu Bratkartoffeln, Buttergemüse oder Saucen zaubern ein Lächeln ins Gesicht. Der hohe Anschaffungspreis sollte nicht abschrecken, da dieses Öl nur gering dosiert genutzt wird und somit sehr ergiebig ist.

HIRSEPUDDING

MIT GEPFEFFERTEN SAUERKIRSCHEN

6 PORTIONEN

400 ml Haferdrink Vanille
Saft und Zesten von 1 Bio-Orange
1 Prise Meersalz
80 g Rohrohrzucker
200 g Hirse
50 g vegane Margarine
Fett und Rohrohrzucker für die Förmchen
1 Glas Sauerkirschen (350 g Abtropfgewicht)
1 EL Speisestärke
1 Prise weißer Pfeffer aus der Mühle

Zubereitungszeit: 20 Minuten + 30 Minuten Kühlzeit

1. Haferdrink mit Orangensaft und -zesten sowie Salz und Zucker aufkochen. Hirse dazugeben, nochmals aufkochen und etwa 5 Minuten köcheln lassen, bis die Hirse al dente ist. Vom Herd ziehen und quellen lassen.

2. Die Margarine unterheben und die Hirse auflockern. Den Pudding in gefettete und gezuckerte Förmchen geben. Kühl stellen.

3. Kirschen in einem Sieb abtropfen lassen, dabei den Saft auffangen. ¾ des Safts in einem Topf zum Kochen bringen und mit etwas Zucker abschmecken. Die Stärke mit dem restlichen Saft vermischen und unter ständigem Rühren in den kochenden Kirschsaft geben. Mit Pfeffer würzen und zum Schluss die Kirschen zum gebundenen Saft hinzufügen. Die gepfefferten Sauerkirschen zum Hirsepudding reichen.

DAS BILD ZUM REZEPT FINDET IHR AUF SEITE 115.

Mein Tipp

Hirse wird von vielen Menschen als Vogelfutter abgetan, obwohl dieses Getreide eine extrem positive Wirkung auf den menschlichen Körper hat. Hirse ist reich an Eisen und Magnesium und enthält kein Gluten. Daher ist sie auch so gut verträglich.

BIRNEN-STREUSEL-MUFFINS

1. Zucker, Mehl und Margarine mit einer Küchenmaschine zu Streuseln verarbeiten.
2. Birnen waschen, vom Kerngehäuse befreien, in grobe Würfel schneiden und mit Zitronensaft beträufeln. Haselnüsse mit Marzipan, Zimt und Vanillemark vermischen und zu den Birnenwürfeln geben.
3. Eine Muffin-Backform einfetten und den Blätterteig auf die Mulden zuschneiden. Den Teig in die Mulden drücken. Die Birnenmischung einfüllen und die Streusel darauf verteilen. Bei 160 °C auf der mittleren Schiene im Ofen 15 bis 17 Minuten goldgelb backen.

12 MUFFINS

150 g Rohrohrzucker
150 g Mehl
150 g vegane Margarine
2 Birnen
Saft von ½ Zitrone
80 g gehackte Haselnüsse
50 g Marzipanrohmasse
1 gestrichener TL gemahlener Zimt
Mark von ½ Vanilleschote
Fett für die Form
350 g Blätterteig

Zubereitungszeit: 15 Minuten + 17 Minuten Backzeit

Mein Tipp

Die Füllung könnt ihr je nach Saison und verfügbaren Früchten ändern. Sehr weiches Obst solltet ihr mit etwas Stärke binden, damit der Muffin nicht wegfließt. Zum Einfetten der Muffinform nehme ich sehr gern Trenn- bzw. Sprühfett. Dies setzt sich als feiner Nebel auf das Backblech und verfettet den Muffin nicht.

FRENCH TOAST
MIT MANDELN UND ERDBEEREN

1. Erdbeeren waschen und putzen. Die Hälfte der Erdbeeren fein pürieren, die andere Hälfte in grobe Stücke schneiden. Die Stücke mit 50 Gramm Rohrohrzucker und dem Vanillemark vermengen.

2. Baguette in Scheiben schneiden. Mandelstifte, restlichen Rohrohrzucker, Mehl, Salz und Mandelmilch zu einer dickflüssigen Masse verarbeiten. Die Baguettescheiben durch die Masse ziehen und abtropfen lassen. Das Öl in einer Pfanne auf 160 °C erhitzen und die Brotscheiben darin ausbacken.

3. Das Erdbeerpüree als Spiegel auf Tellern verteilen. Den Toast daraufsetzen und die Erdbeerstücke anlegen. Basilikum waschen und trockenschütteln. Die Blätter abzupfen und mit dem Ahornsirup über den Toast geben.

6 PORTIONEN

500 g Erdbeeren
150 g Rohrohrzucker
Mark von 1 Vanilleschote
1 Baguette vom Vortag
60 g Mandelstifte
50 g Weizenmehl
Meersalz
250 g Mandelmilch
100 ml Öl zum Ausbacken
1 Stängel Basilikum
20 ml Ahornsirup

Zubereitungszeit: 25 Minuten

Mein Tipp

Eier können in solchen Rezepten immer durch Mehl und Stärke ausgetauscht werden, da es um die Bindung geht. Der Ahornsirup gibt dem Gericht einen schönen Touch von Karamell.

HASELNUSS-PANNACOTTA MIT GRAND-MARNIER-BLAUBEEREN

6 PORTIONEN

Fett für die Schälchen
600 ml Haselnussdrink
4 g Agar-Agar
70 ml Agavendicksaft
1 Prise Meersalz
2 TL Speisestärke
250 g Blaubeeren
4 cl Grand Marnier

Zubereitungszeit: 15 Minuten + 1 Stunde Kühlzeit

1. Dessertschälchen einfetten. 500 Milliliter Haselnussdrink mit Agar-Agar, 40 Milliliter Agavendicksaft und Salz verrühren und in einem Topf langsam zum Kochen bringen. Die Speisestärke mit dem restlichen Haselnussdrink vermischen und unter ständigem Rühren in den Topf geben. Aufkochen, in die Dessertschälchen füllen und 1 Stunde abkühlen lassen.
2. Blaubeeren waschen und abtropfen lassen. Mit dem restlichen Agavendicksaft und dem Grand Marnier vermischen und auf die Haselnuss-Pannacotta geben.

Mein Tipp

Für die Deko der Haselnuss-Pannacotta eignen sich gehobelte Haselnüsse und/oder Vanillepopcorn (Rezept siehe S. 26).

KOKOS-MILCHNUDELN MIT EXOTEN

1. Chilischote entkernen. 250 Milliliter Kokosmilch in einen Topf geben und mit Chili, Limettenzesten, Zitronengras und Palmzucker zum Kochen bringen.
2. In der Zwischenzeit die Früchte schälen, in mundgerechte Stücke schneiden und mit Limettensaft beträufeln. Minze waschen und trockenschütteln. Die Blätter abzupfen und mit den Früchten vermengen.
3. Die Stärke in die restliche Kokosmilch einrühren, in die kochende Kokosmilch geben und alles einmal aufkochen lassen. Zitronengras und Chilischote entfernen. Die Nudeln unterrühren und die Früchte darübergeben.

6 PORTIONEN

½ Chilischote
600 ml Kokosmilch
Zesten und Saft von ½ Bio-Limette
¼ Stiel Zitronengras
100 g Kokos-Palmzucker
¼ Ananas
¼ Honigmelone
¼ Papaya
¼ Bund Minze
1 TL Speisestärke
300 g gekochte Nudeln

Zubereitungszeit: 20 Minuten

Mein Tipp

Dieses Dessert kenne ich noch aus meiner Kindheit und habe es gerade in meiner Jugend zu schätzen gelernt. Wer kennt nicht das Problem der übrig gebliebenen Nudeln vom Mittagessen!? Und bevor diese im Müll landen, bietet sich mit diesem Rezept eine tolle Verwendung.

LIMETTEN-KOKOS-TRAUM

12 PORTIONEN

50 g Kokosfett
100 g frische Datteln
1 Prise Meersalz
200 g Kokosflocken
200 ml gesüßte Schlagsahne
100 g Mandelblättchen
2 Bio-Limetten

Zubereitungszeit: 20 Minuten + 2 Stunden Kühlzeit

1. Kokosfett in einem Topf leicht erwärmen. Datteln entkernen und in einer Küchenmaschine fein pürieren. Mit dem Salz und den Kokosflocken zum Fett geben. Eine Kuchenform (19 cm Ø) mit Backpapier auslegen und die Kokos-Dattel-Mischung darin verteilen. Leicht andrücken.
2. Sahne in einer Küchenmaschine aufschlagen. In der Zwischenzeit eine Pfanne ohne Öl erhitzen und die Mandelblättchen darin goldbraun rösten. Mit einem scharfen Hobel feine Zesten von den Limetten ziehen und die Limetten anschließend auspressen. Den Saft unter die geschlagene Sahne heben und diese auf dem Kokos-Dattel-Boden verteilen.
3. Limettenzesten und Mandelblättchen über die Torte streuen. Alternativ kann die Torte statt mit Mandelblättchen auch mit einer Limettenscheibe und Dattelhälften garniert werden. Den Limetten-Kokos-Traum mindestens 2 Stunden, am besten aber über Nacht im Kühlschrank aushärten lassen.

Mein Tipp

Ofen kaputt und trotzdem Lust auf Kuchen? Kein Problem mit diesem Rezept. Ihr könnt es in Rohkostqualität zubereiten, indem ihr die Sahne durch Cashewcreme ersetzt. Dafür 250 Gramm Cashewnüsse über Nacht in Wasser einweichen und dann mit Datteln, Vanille, Zitrone, Kokosfett und Minze zu einer Creme verarbeiten. Das Kokosfett härtet im Kühlschrank aus, die Creme wird schnittfest.

MANDEL-SCHMARRN

1. Sojamehl mit 4 Esslöffel Wasser, Zucker, Salz und Vanillezucker schaumig schlagen. Mandelmilch, 2 Esslöffel Öl, Mehl und Backpulver hinzugeben und alles gut vermischen. 15 Minuten quellen lassen.
2. Eine Pfanne mit dem restlichen Öl erhitzen und den Teig portionsweise von beiden Seiten goldgelb backen. Anschließend mit dem Pfannenwender in Stücke rupfen. Mit Puderzucker bestäuben und bei 200 °C 3 Minuten im Ofen backen. Noch warm servieren. Nach Wunsch mit gerösteten Mandelstiften garnieren.

4 PORTIONEN

4 TL Sojamehl
30 g Rohrohrzucker
1 Prise Meersalz
1 Päckchen Vanillezucker
375 ml Mandelmilch
6 EL Rapsöl
125 g Mehl
1 Päckchen Backpulver
Puderzucker zum Bestäuben

Zubereitungszeit: 20 Minuten

Mein Tipp

Dazu passt ein Preiselbeerdip oder Marmelade. Ihr habt im Frühjahr oder Sommer viel Obst übrig? Dann weckt es doch einfach nach Belieben ein. So könnt ihr mit Gewürzen experimentieren und eure ganz persönlichen Kreationen schaffen. Vegane Bindung bekommt ihr über Pektin oder Gelierzucker.

SCHOKOMOUSSE MIT BEEREN

4 PORTIONEN

100 g dunkle Kuvertüre (75 % Kakao)
100 ml Hafersahne
200 ml gesüßte Schlagsahne (Schlagfix)
200 g frische gemischte Beeren, z. B. Himbeeren, Brombeeren, rote Johannisbeeren und/oder Blaubeeren
2 EL Rohrohrzucker

Zubereitungszeit: 15 Minuten + ca. 2 Stunden Kühlzeit

1. 70 Gramm Kuvertüre über dem heißen Wasserbad schmelzen. Restliche Kuvertüre fein hacken. Sobald die Kuvertüre geschmolzen ist, vom Wasserbad nehmen und die fein gehackte Schokolade unterrühren. So lange rühren, bis sich die Schokolade vollständig aufgelöst hat.
2. In einem Topf die Hafersahne leicht erwärmen. Mit einem Stabmixer die Kuvertüre in die Hafersahne einarbeiten.
3. Schlagsahne aufschlagen und die Kuvertüre-Sahne-Mischung unterheben. Die Schokomousse für etwa 2 Stunden in den Kühlschrank stellen.
4. In der Zwischenzeit die Beeren waschen und vorsichtig trockentupfen. Zucker in einen Topf geben und bei mittlerer Hitze karamellisieren lassen. Die Hälfte der Beeren dazugeben und einköcheln lassen. Die Mischung durch ein Sieb passieren und anschließend die restlichen Beeren unterheben. Schokomousse und Beeren auf Tellern anrichten und servieren.

Mein Tipp

Ein Klassiker in der Küche, der nichts von seinem Charme verloren hat. Ich liebe die Mousse herb und weniger süß. Daher ist für mich wichtig, dass der Kakaoanteil sehr hoch ist. Die Süße aber auch Schärfe könnt ihr über das Obst steuern – z. B. mit gepfefferten Kirschen.

RUND UMS KOCHEN

ANHANG

VORRATSHALTUNG

TROCKENE VORRÄTE

Mehl, Rohrohrzucker, Grieß, Nudeln, Reis, Hefeflocken, Stärke etc.
Diese Vorräte immer in eine verschließbare Dose umfüllen, da sich oft kleine Mehlmotten oder anderes Ungeziefer in den Verpackungen verstecken können. Auch rate ich zu einer lichtundurchlässigen Verpackung, um die Qualität und das Aroma zu schützen.

KONSERVEN

Tomatensauce, geschälte Tomaten, Mangopüree, Kichererbsen, Kokosmilch, Sauerkraut, Kidneybohnen etc.
Gerade außerhalb der Saison empfehle ich den Griff zur Konserve, da die Rohstoffe bei voller Reife geerntet und konserviert werden. Insbesondere Tomaten aus der Dose sind im Winter unschlagbar für eine geschmackvolle Suppe. Einmal angebrochen sollten die Konserven aus Dosen umgefüllt werden, da das Metall zu korrodieren beginnt.

KRÄUTER

Dill, Kresse, Estragon, Thymian, Rosmarin, Schnittlauch, Petersilie etc.
Frische Kräuter halten sich 2 bis 7 Tage länger, wenn sie in einem feuchten Küchenpapier eingerollt und im geschlossenen Gefrierbeutel im Kühlschrank gelagert werden.

GEWÜRZE

Getrockneter Thymian, Pfeffer, getrockneter Salbei, Muskatnuss, Paprikapulver, getrockneter Oregano, getrocknete Petersilie etc.
Für mich ist die Qualität von frisch geernteten Kräutern unschlagbar, aber mir ist auch bewusst, dass nicht jeder Zugang zu diesen hat. Daher empfehle ich, schonend getrocknete Kräuter in kleinen Mengen zu kaufen, da sie an Geschmack und Wirkung verlieren, je älter sie werden. Gewürze wie z. B. Pfeffer, Muskatnuss und Kümmel immer frisch mahlen oder reiben, um den vollen Geschmack zu erhalten. Manche Gewürze entfalten ein besseres Aroma, wenn man sie vor der Verwendung erwärmt oder leicht röstet.

GEMÜSE

Tomaten, Paprikaschoten, Pastinaken, Kartoffeln, Zwiebeln, Zucchini, Auberginen, Karotten, Lauch etc.
Von wenigen Ausnahmen abgesehen sollte frisches Gemüse im Gemüsefach des Kühlschranks gelagert werden. Bei Kohlrabi, Karotten und Radieschen immer das Grün entfernen, da dieses das Wasser und die Kraft aus der Knolle zieht.
Unter 8 °C: Artischocken, Blattsalate, Blumen-

kohl, Brokkoli, Erbsen, Knoblauch, Kohl, Rosenkohl, Rüben, Radieschen
Über 12 °C: Auberginen, Gurken, Bohnen, Kürbis, Okraschoten, Zucchini, Tomaten, Paprikaschoten
Über 12 °C und dunkel: Kartoffeln, Zwiebeln, Pastinaken, Topinambur (Wurzeln und Knollen)

OBST

Äpfel, Orangen, Ananas, Kiwis, Bananen, Blaubeeren, Mangos etc.
Vitamine sind empfindlich, sie vertragen weder Hitze noch Licht noch Sauerstoff. Die meisten der exotischen wasserhaltigen Früchte vertragen auch die Kälte des Kühlschranks nicht. Bananen werden darin braun – außer in einem Beutel gelagert –, und Zitrusfrüchte verlieren an Aroma.
Unter 8 °C: Ananas, Bananen, Granatäpfel, Guaven, Mangos, Melonen
Über 12 °C: Äpfel, Aprikosen, Beerenobst, Birnen, Feigen, Kirschen, Kiwis, Weintrauben, Pfirsiche

SALATE

Feldsalat, Endiviensalat, Chicorée, Eissalat, Radicchio etc.
Beim Kauf ist darauf zu achten, dass im Idealfall die Wurzel vorhanden oder aber die Schnittfläche möglichst weiß ist. Eine knackige Wurzel ist der Garant für absolute Frische. Salate halten sich besonders lang im Kühlschrank, wenn sie luftdicht verschlossen und trocken gelagert werden. Nach dem Waschen empfehle ich, den Salat vorsichtig zu schleudern, um das überschüssige Wasser zu entfernen, das jeden Geschmack verwässern würde.

TIEFKÜHLPRODUKTE

Erbsen, Spinat, Mischgemüse, Spargel, Blätterteig, Obst etc.

AM BESTEN IST ES, ALLE ZUTATEN IMMER FRISCH EINZUKAUFEN. DOCH MIT DER RICHTIGEN LAGERUNG HALTEN SICH AUCH OBST UND GEMÜSE LANGE IM KÜHLSCHRANK ODER IN DER SCHALE UND VERLIEREN KAUM VITAMINE.

Tiefkühlprodukte sind besser, als ihr Ruf vermuten lässt. Mit neuen Methoden werden die erntefrischen Produkte schockgefroren. Der große Vorteil dieser Methode ist, dass bei wasserhaltigen Rohstoffen keine großen Eiskristalle entstehen und somit die Struktur dieser Rohstoffe fast vollständig erhalten bleibt. Auch ist somit ein Maximum an Nährstoffen und Vitaminen gegeben.

WARENKUNDE

Zu Beginn meiner veganen Kochkarriere lernte ich sehr viele neue Produkte kennen, ohne etwas über deren Verarbeitung zu wissen. Also habe ich viel experimentiert und gelesen. Seither schätze ich die vielfältigen Einsatzmöglichkeiten!

AGAR-AGAR

Agar-Agar wird aus Algen gewonnen und kann als Bindemittel wie Gelatine benutzt werden. Während Gelatine aber auch kalt verarbeitet werden kann, muss Agar-Agar immer kurz kochen, um eine Bindung aufzubauen. Ideal für Süßspeisen, Fruchtgelees und Tortenguss.

ALBAÖL

Dieses Rapsöl hat einen so intensiven Buttergeschmack, dass es im Verhältnis 1:3 mit neutralem Rapsöl gestreckt werden sollte. So lässt es sich auch besser dosieren. Das Öl ist ideal zum Kochen und Braten, da es hoch erhitzbar ist. Es aromatisiert Gebäck, Suppen und Saucen.

AVOCADO

Die Avocado wird aufgrund ihres hohen Fettgehalts auch als Fettfrucht bezeichnet. Ich schätze die Vielseitigkeit dieser Frucht, denn sie kann deftig in einer Guacamole oder auch süß in einer Creme verarbeitet werden. Solltet ihr mal eine harte Avocado erwischt haben, diese einfach in Zeitungspapier wickeln und/oder zwischen Äpfeln lagern, damit sie schneller nachreift.

CHIASAMEN

Das Superfood stammt aus Mexiko und ist für seine vielen Nährstoffe und Vitamine, für seine Antioxidanzien und den hohen Eiweißgehalt bekannt. Ideal für Desserts und Shakes.

KOKOSBLÜTENZUCKER

Der Zucker wird aus dem Nektar der Kokospalme gewonnen. Er hat eine malzige Note und gleicht geschmacklich dem Rohrzucker.

KRÄUTERSEITLING

Der Pilz hat einen großen Fruchtkörper und kann deshalb dick aufgeschnitten werden. Durch seine feste Konsistenz hat er gebraten oder gegrillt und gut gewürzt einen Biss wie zartes Fleisch.

SALZ

Ich bin ein Fan von Himalaja-Salz, Ursalz und gutem Meersalz. Ich achte darauf, dass mein Salz

z. B. keine Rieselhilfe beinhaltet und auch kein Jod. Von industriellen Salzen lasst ihr am besten die Finger.

SOJAJOGHURT

Ideal im Müsli oder zum Kochen und Backen. Der hohe Eiweißanteil gerinnt bei 85 °C, der Joghurt stockt somit wie Quark oder Schmand. Beim Kauf ist darauf zu achten, dass für deftige Gerichte zuckerfreier Joghurt gekauft wird.

SZECHUANPFEFFER

Der Pfeffer stammt aus der chinesischen Region Szechuan. Das Besondere an ihm ist, dass er neben einer sehr angenehmen Schärfe eine zitronige Tendenz hat. So schmeckt er auch wunderbar in Desserts – am besten frisch gemahlen.

TOFU

Die Konsistenz und der milde Geschmack von Tofu setzen eine gute Marinade und Verarbeitung voraus, die gelernt sein will. Ich nutze Tofu gern für traditionell asiatische Gerichte oder auch als Grundlage für Tofurührei.

BEIM KOCHEN GIBT ES KEIN RICHTIG ODER FALSCH. WICHTIG IST EINE FRISCHE UND ABWECHSLUNGSREICHE ERNÄHRUNG. FANGT AN, AUF EUREN KÖRPER ZU HÖREN – ER SAGT EUCH, WAS EUCH GUTTUT!

GARMETHODEN

KOCHEN

Garen in Flüssigkeit bei Temperaturen um 100 °C. Geeignet für Gemüse in Suppen und Eintöpfen sowie das Garkochen von Reis, Kartoffeln, Teigwaren, Getreide & Co. Vitaminverlust 55 bis 65 Prozent. Fettarm bis fettfrei.

GARZIEHEN

Garen in Flüssigkeit bei Temperaturen unterhalb des Siedepunkts bei 75 bis 95 °C. Geeignet für Klöße und Beilagen mit Biss. 50 bis 60 Prozent Vitaminverlust. Fettarm bis fettfrei.

DÄMPFEN UND DÜNSTEN

Garen in Wasserdampf bei Temperaturen um 100 °C. Geeignet für knackiges Gemüse, Kartoffeln, Spargel & Co. Nährstoffschonende Zubereitung durch minimale Garflüssigkeit. Vitaminverlust bei 15 bis 25 Prozent. Fettarm bis fettfrei.

SCHMOREN

Scharfes Anbraten und anschließendes Kochen in wenig Flüssigkeit. Geeignet für Fleischalternativen, gefülltes Gemüse, vegane Rouladen & Co. Durch das scharfe Anbraten vitamin- und nährstoffschonend. Vitaminverlust sieben bis zwölf Prozent. Fettarm.

RÖSTEN

Garen im Ofen und/oder in der Pfanne bei 140 bis 200 °C. Geeignet für Fleischalternativen, Gemüse, Kartoffeln & Co. 10 bis 50 Prozent Vitaminverlust. Fettarm – mehr oder weniger, je nach Zubereitungsart.

GRILLEN

Garen durch Strahlungs- oder Kontakthitze im Backofen oder auf dem Holzkohlen- bzw. Elektrogrill. Geeignet für Kartoffeln, Obst, Gemüse und Fleischalternativen. Vitaminverlust 10 bis 15 Prozent. Fettarm.

BACKEN

Garen in trockener Hitze bei Temperaturen um 120 bis 250 °C. Geeignet für Teige, Aufläufe, Kartoffeln & Co. Vitaminverlust 10 bis 15 Prozent. Fettarm.

BRATEN

Garen in heißem Öl bei 140 bis 190 °C. Geeignet für Fleischalternativen, Gemüse, Kartoffeln & Co. Vitaminverlust zwischen 10 und 15 Prozent. Je nach Zubereitungsart mehr oder weniger fettreich.

GEWUSST, WIE: OB DIE ZUTATEN IHRE VITAMINE SOWIE IHRE MINERAL- UND ANDEREN NÄHRSTOFFE ERHALTEN, HÄNGT GANZ ENTSCHEIDEND AUCH VON DER ART DER ZUBEREITUNG AB.

FRITTIEREN

Garen im Fettbad bei 160 bis 170 °C. Geeignet für Kartoffeln, Gemüse im Teigmantel, Obst & Co. Vitaminverlust zwischen 10 und 15 Prozent. Fettreich. Vorsicht ist geboten bei stark gerösteten Kartoffelgerichten wie Bratkartoffeln und French Fries aufgrund der Acrylamid-Problematik. Hier gilt die Faustregel: »vergolden, nicht verkohlen«!

DEHYDRIEREN UND SOUS-VIDE-GAREN

Unter Dehydrieren versteht man das sanfte Entziehen von Wasser durch Wärme – eine der schonendsten Garmethoden überhaupt. Rohstoffe, die unter 42 °C gedörrt werden, behalten ihre Rohkostqualität und somit das Maximum an Nährstoffen sowie essenziellen Aminosäuren. Das Sous-vide-Garen ist ein Niedrigtemperaturgarverfahren im Vakuum über mehrere Stunden bis hin zu mehreren Tagen. So lässt sich auch Gemüse ausgesprochen schonend im eigenen Saft garen.

REGISTER

REZEPTE & ZUTATEN

Rezeptregister

Algensalat 51
Ananas-Kokos-Shake mit Koriander und Chili 34
Apfelpfannkuchen 116

Birnen-Streusel-Muffins 118
Blätterteigschnecken mit Tofu und Zwiebeln 77
Blumenkohl, orientalischer 103
Bohneneintopf 65
Bruschetta italiana 19
Bulgur-Brokkoli-Salat 53

Carpaccio vom Kräuterseitling 46
Cayenne-Vanille-Popcorn 26

Erdapfel-Cremesuppe 57

Fast Taste of Asia 70
Fitness-Sprossensalat 39
French Toast mit Mandeln und Erdbeeren 120

Gemüse, geflammtes, mit asiatischer Sauce 112
Gemüsechips 26
Gemüsenudeln mit Arrabbiata-Pesto 16
Green-Energy-Smoothie 30
Grünkohl-Chili-Suppe, kichernde 56
Gurkenkaltschale 68

Haselnuss-Pannacotta mit Grand-Marnier-Blaubeeren 123
Haselnuss-Shake mit Kokosblütenzucker 34
Heidelbeer-Mandel-Shake 35
Hirsepudding mit gepfefferten Sauerkirschen 117
Hummus mit Minze 25

Karotten mit gepopptem Wildreis 43
Kartoffelpizza Elsässer Art 80
Kichererbsen-Tofu-Eintopf 100
Kokos-Milchnudeln mit Exoten 124
Kürbis, gebackener, mit Couscous 84
Kürbispuffer mit Champignon-Rahmsauce 97

Leinsamen-Erdbeer-Smoothie 31
Limetten-Kokos-Traum 126
Linsensuppe mit Ananas 66

Makkaroni-Auflauf 90
Mandel-Schmarrn 128
Miss-Coco-Smoothie 30
Muffins 92, 118

Nachos mit Avocadodip 20

Ofengemüse mit Joghurt-Gurken-Dressing 78

Pakora-Muffins 92
Papaya-Karotten-Shake 35
Peters Hack 28
Pilztopf mit Avocado und Graubrot 106
Power-Salat 48
Power-Wraps 14

Quinoarisotto mit Erdbeeren und Spargel 96

Radicchiosalat mit Pilzen und Birnen 45
Riesenbohnen-Pfanne mit geräuchertem Tofu 111
Rollen, knusprige 83
Rote Bete mit Kartoffeln und Meerrettichcreme 86
Rote-Bete-Blutorangen-Carpaccio 40
Rote-Bete-Suppe mit Birnensalat 58

Sauerkraut mit Räuchertofu und Kartoffelstampf 108
Sauerkrautsuppe mit Pilzen 61
Schokomousse mit Beeren 130
Senfsüppchen mit Apfel & Kräutern 73
Shakes 34f.
Smoothies 30f.
Sommerrollen, frische 22
Spargel-Melonen-Salat 38
Spinat-Tofu-Wraps 15
Spitzkohl mit Orangen-Yofu-Sauce 98
Süßkartoffelomelett mit Avocado-Zucchini-Salat 104

Tomatensmoothie, pikanter, mit Granatapfel 31
Tortilla-Pizza 89

Wraps 14f.

Zitronenkartoffeln mit Rucola und Pinienkernen 76
Zwiebelsuppe, klare 62

Zutatenregister

Agar-Agar 123, 136
Albaöl 57, 116, 136
Algenmix 51
Ananas 30, 34, 66, 124
Äpfel 73, 111, 116
Avocados 20, 48, 104, 106, 136

Babytomaten 15
Bananen 30
Beeren, gemischte 130
Birnen 30, 45, 58, 118
Blätterteig 77, 83, 118
Blaubeeren 123
Blumenkohl 103
Bohnen, grüne 65
Bohnen, weiße 111
Bohnenmix 14
Brokkoli 53, 112
Bulgur 53

Champignons 70, 97, 106
Cherrytomaten 16, 20, 89
Chiasamen 31, 136
Cocktailtomaten 39
Couscous 84
Cranberrys 35, 103

Datteln 126

Erbsen 90, 92
Erdbeeren 31, 96, 120
Erdnüsse 22

Fenchelknollen 38, 86, 112

Gemüsefond 56ff., 61f., 65f., 70, 73, 84, 96, 98, 100, 111
Glasnudeln 22
Gojibeeren 48
Granatapfelkerne 31
Grünkohl 26, 56

Haferdrink Vanille 117
Hafersahne 73, 80, 83, 86, 90, 97, 130
Haselnussmus/-milch/-kerne/-drink 34, 118, 123
Heidelbeeren 35
Hirse 117

Ingwer 30, 51, 66, 70, 98, 104, 116

Kapern 90
Karotten 16, 26, 35, 39, 43, 53, 61, 65f., 70, 83f., 90, 108, 112
Kartoffeln 26, 57, 65, 76, 78, 80, 86, 92, 108
Kichererbsen(mehl) 25, 56, 92, 100
Kiwi 30
Knollensellerie 57, 73, 83
Kokosblütenzucker 34, 136
Kokosflocken 126
Kokosmilch 30, 34, 66, 112, 124
Kräuterseitlinge 46, 106, 136
Kürbisse (Hokkaido) 84, 97

Lauch 53, 62, 73, 83
Linsen, rote 66

Mais 14
Makkaroni 90
Mandel(n)/-milch 35, 120, 126, 128
Mangold 26
Meerrettich 86
Melonen 38, 124

Nachochips 20

Orangen 30, 40, 51, 84, 98, 112, 117

Papaya 35, 124
Paprikaschoten 14, 39, 53, 78, 112
Pastinaken 26
Peperoni 16, 48, 98
Pilze 45, 61, 106
Popcornmais 26

Quinoa 96

Radicchio 45
Reispapier 22
Reiswaffeln 28
Reis-Wildreis-Mischung 112
Rote Bete 31, 40, 58, 86
Rucola 19, 39, 76, 89

Salatgurke 39, 48, 53, 68, 78
Salatmix 14, 48
Sauce, süßsaure 22
Sauerkirschen 117
Sauerkraut 61, 108
Sobanudeln 70
Sojajoghurt 14, 68, 77f., 98, 137
Sojamehl 116, 128
Sojamilch 35, 116
Sojasahne 35, 96, 100, 108
Spargel 38, 96
Spinat 15, 30, 106
Spitzkohl 98
Sprossen 31, 39
Stangensellerie 112
Süßkartoffeln 104

Tahina (Sesampaste) 25
Tamari-Sojasauce 39, 70, 111
Tofu 15, 22, 39, 51, 53, 57, 65, 70, 77, 80, 83, 100, 108, 111, 137
Tomaten 19, 31, 78, 84
Tomaten, getrocknete 16, 89
Tomatenmark 28
Tortilla-Wraps 14f., 89

Vanille(schote) 26, 31, 40, 116, 118, 120

Weizenmehl 116, 120
Wildreis, gepoppter 43, 98

Zitronen 31, 34, 46, 58, 66, 76, 86, 89, 97, 106, 118
Zucchini 16, 78, 104, 112

075

ÜBER DEN AUTOR

DANKSAGUNG

Meine gastronomische Karriere begann in dem Moment, in dem ich mich für die vegane Lebensweise entschied. Da meine Ma einfach nicht mehr wusste, was sie mir zubereiten sollte, begann ich, selbst zu kochen. Dies machte mir so viel Spaß, dass sich daraus erst eine Leidenschaft entwickelte. Ich war begeistert, dass ich mit einem einzigen guten Essen viel mehr sagen konnte als mit 1000 Worten.

KULINARISCHE ABENTEUER

Bis zum heutigen Tage habe ich viele kulinarische Etappen und Abenteuer erlebt, die mich zu dem gemacht haben, der ich bin. Vier Jahre lang führte ich ein veganes Catering in Süddeutschland. Ich durfte für mehrere Monate bei und mit Familie Kurz vom Bio-Hotel Kurz aus Berchtesgaden kochen. Eine sehr intensive Etappe erlebte ich in München. Im damals ersten und einzigen veganen Restaurant Deutschlands arbeitete ich als Sous-Chef und wurde vom Rohkostprofi Chad Sarno in die Geheimnisse eingeweiht. Anschließend zog es mich nach Berlin. Dort bekam ich die Chance, als Chefkoch ein veganes Gourmetrestaurant aufzubauen. Nach nur acht Monaten erhielt ich als erster veganer Koch eine Auszeichnung des Magazins »Der Feinschmecker«. In mir wuchs der Wunsch nach einem eigenen Restaurant, das ich dann auch in Berlin mit zwei Partnern eröffnete und erfolgreich betrieb. Daraus entwickelte sich ein zweites veganes Fine-Dining-Restaurant in Berlin. Als ich 2009 Mahi Klosterhalfen von der Albert-Schweitzer-Stiftung für unsere Mitwelt kennenlernte, entwickelten wir ein Konzept, um noch mehr Menschen in die Berührung mit gutem veganem Essen zu bringen. Die ASS schrieb alle Dax-Unternehmen, aber auch Studentenwerke an und vermittelte Schulungen in den Betriebsrestaurants und Mensen. Ich schulte die Köche und Köchinnen in veganer Küche und kochte an den Aktionstagen für deren Gäste. Was sehr langsam begann, entwickelte sich mit der Zeit zu einer sehr erfolgreichen Idee, die immer mehr meiner Zeit und Kraft einnahm. Dies bekräftigte mich in meiner Entscheidung, die Restaurants aufzugeben, um mich ganz den Schulungen zu widmen. Das Interesse an der veganen Küche ist zwar sehr hoch, aber das Wissen über Rohstoffe und deren Umgang, die Mentalität und die Beweggründe, vegan zu leben, sind sehr gering. In meinen zahlreichen Workshops vermittle ich dieses Wissen, um den Köchen Werkzeuge an die Hand zu geben, die vegane Küche lecker und qualitativ hochwertig umzusetzen.

Dies ist mir nur möglich, da ich Menschen in meinem Umfeld habe, die mich unterstützen und fördern. Allen voran möchte ich meiner Familie danken. Auch einen riesen Dank an meine Teams in den Restaurants und da allen voran an Marcus Kümmel, mit dem ich auch die Rezepte für dieses Buch ausgearbeitet habe. Und natürlich auch einen Riesendank an alle Menschen, die an mich glauben und mich unterstützen.

IMPRESSUM

ÜBER DIESES BUCH

1. Auflage 2015

HINWEIS

Die Ratschläge/Informationen in diesem Buch sind von Autor und Verlag sorgfältig erwogen und geprüft. Dennoch kann eine Garantie nicht übernommen werden. Eine Haftung des Autors bzw. des Verlags und seiner Beauftragten für Personen-, Sach- und Vermögensschäden ist ausgeschlossen.

BILDNACHWEIS

FOOD-FOTOGRAFIE: Florian Bolk (LE SCHICKEN)
www.le-schicken.de
PEOPLE-FOTOGRAFIE UND COVERFOTO: Nadja Klier
www.nadjaklier.de
BILD SEITE 6: Vegetarierbund Deutschland e.V./
Kai Horstmann

Wir danken für die freundliche Unterstützung:

Alnatura Super Natur Markt, Berlin Schöneberg
www.alnatura.de

The Village Feinkost Café, Berlin | www.thevillage-cafe.de

VEBU | www.vebu.de

Wochenmarkt Winterfeldtplatz Berlin | www.winterfeldt-markt.de

REDAKTIONSLEITUNG Silke Kirsch

PROJEKTLEITUNG Eva Wagner

LAYOUT Zeichenpool, München

DTP, GESAMTPRODUCING grafikdesign hansen – Jan-Dirk Hansen

REDAKTION Dr. Ulrike Kretschmer

BILDREDAKTION Annette Mayer

KORREKTORAT Susanne Langer

REPRODUKTION Regg Media GmbH, München

DRUCK & BINDUNG Druckerei Theiss, St. Stefan im Lavanttal

Printed in Austria

AUCH ERHÄLTLICH:

ISBN 978-3-517-08777-1

ISBN 978-3-517-08825-9

ISBN 978-3-517-09250-8

Verlagsgruppe Random House
FSC® N001967

MIX
Papier aus verantwortungsvollen Quellen
FSC® C012536

Das für diesen Titel verwendete FSC®-zertifizierte Papier *Profisilk* liefert Sappi, Ehingen.

ISBN 978-3-517-09426-7